哲 仕 方 法 系 列（ 第 2 部 ）

第一级火箭

推动成长型企业产品销量迅速增长的
超级创意方法

李辉 著

民主与建设出版社
·北京·

© 民主与建设出版社，2021

图书在版编目（CIP）数据

第一级火箭：推动成长型企业产品销量迅速增长的超级创意方法 / 李辉著. —— 北京：民主与建设出版社，2021.4

ISBN 978-7-5139-3487-9

Ⅰ.①第… Ⅱ.①李… Ⅲ.①企业管理－营销管理 Ⅳ.①F274

中国版本图书馆CIP数据核字（2021）第076690号

第一级火箭：推动成长型企业产品销量迅速增长的超级创意方法
DIYIJI HUOJIAN: TUIDONG CHENGZHANGXING QIYE CHANPIN
XIAOLIANG XUNSU ZENGZHANG DE CHAOJI CHUANGYI FANGFA

著　　者	李　辉
责任编辑	刘　芳
封面设计	邓程杰
出版发行	民主与建设出版社有限责任公司
电　　话	（010）59417747　59419778
社　　址	北京市海淀区西三环中路10号望海楼E座7层
邮　　编	100142
印　　刷	天津中印联印务有限公司
版　　次	2021年7月第1版
印　　次	2021年7月第1次印刷
开　　本	880mm × 1230mm　1/32
印　　张	10
字　　数	188千字
书　　号	ISBN 978-7-5139-3487-9
定　　价	59.00元

注：如有印、装质量问题，请与出版社联系。

成长型企业品牌营销的第一级火箭！

"一颗卫星要发射到太空，需要三级火箭助推才能送上去，第一级才最关键，也最难，难在有引力没势能的状态下让火箭从地面飞起来。"

这是很多年前一个在澳门做人力资源行业的客户和我讲的一句话。

当时是在哲仕的会议室，我正认真向对方介绍我们的客户案例，那时我先挑了其中几个知名企业客户的服务案例向对方讲，想的是对方还不太了解我们，先讲知名客户证明我们的能力。

没想到对方直接把我最想说的话说了出来，他说："不要介绍知名企业客户了，你们可以讲一讲服务过的像我们这样的成长型企业的创意案例。一颗卫星要发射到太空，需要三级火箭助推才能送上去，第一级才最关键，也最难，难在有引力没势能的状态下让火箭从地面飞起来。"

我听了对方这段话之后非常高兴，我说你能明白这点那我们就肯定能合作，因为哲仕主要干的活，就是第一级火箭的活。

也是从那时起，我更加坚定和清晰了哲仕的定位：成长型企业品牌营销的第一级火箭。

在后来的近十年时间里，我们在服务中实践哲仕方法，并成功帮助数百家企业实现了品牌的快速增长。2018年，我又正式将哲仕实践的这套营销创意方法总结出版了《超级购买理由》一书，并在市面上获得了非常不错的评价。

您现在看到的这本《第一级火箭》，是我系统性总结出版哲仕营销方法的第二本书，距离出版《超级购买理由》近三年时光。这三年里，我们的事业有进步，我们的思想也有进步，除了在营销方法上的更深入理解外，我们对成长型企业的经营、战略也有了更多新的体会。

　　书名《第一级火箭》，就是推动企业从地面起飞的那级"火箭"！特别是对于我们正计划进入发展阶段的成长型企业来说，您一定需要本书，我希望这本书能有机会让更多的人看到，并带给大家启发。

　　感谢您购买我的书《第一级火箭》。

李　辉

2020年9月2日于广州

中小企业市场竞争的唯一出路！

在正式翻开这本书之前，我还希望您能与我一起先认识所有企业竞争的三条主线：品牌力、渠道力、产品力。因为这就是企业营销的三个主战场，任何企业要在市场上竞争，都避不开这三个战场。

并且，不同阶段的企业，在竞争时，应该选择的战场都不一样。

因此，我们在讨论任何营销理论时，首先都应该要辨别它所研究的方法主要是基于哪个战场来展开的。

比如，有一些已经被大家所熟悉的营销方法理论，比如，定位理论、符号理论等，它们对企业的适用前提都是要求你的企业必须有足够的广告投放预算，它们甚至有一个共同原则和理念就是：鼓励企业用压倒性广告投入去获得成功！

这对已经在自己领域形成规模优势的大企业来说，确实是一个不错的方法。压倒性的投入优势会让企业在市场上形成显著的品牌力优势，从而获得竞争上的成功。但能使用这种方法的企业，首先你得是一个有预算优势的企业，你有足够的营销预算，能在市场上形成广告宣传的优势，你就能形成品牌力的优势。

很显然，这类营销理论的主要方法和理念，都是教你提升品牌力，是基于品牌力的战场去开展的。

所以，我在从事营销咨询工作的生涯中，遇到很多中小企业有相同的疑问：为什么市面上那些看上去很厉害的营销方法，自己明明懂了，却用不上？道理很简单：在当前阶段，你的企业如果不是一家在预算上有足够优势的企业，那它对你来说就不灵。

一切教你砸广告费做品牌力的营销方法，都是对十亿、百亿级以上企业才有效！中小成长型企业若用它，非死即残！这就是那些百亿、千亿级企业的思维方法和竞争方式。你看着都是对的，但为什么用到自己身上就不行了？因为你不是那种企业！

比如，我曾经说到一个最常见的情况，作为绝大部分的中小企业和成长型企业来说，它们可能当前一年下来也就几千万元，或者刚刚够着亿元的规模，就去套用那种鼓励大家用压倒性投入优势获得成功的营销方法理论，将企业竞争方向放在品牌力的战场上，一咬牙，拿出个几百上千万元预算做广告，最后的结果有多惨可想而知。

我上面讲中小企业套用那些理论去做品牌力，到品牌力的战场去竞争，基本上不死也得残！这话一点都不夸张，你咬牙拿出来的这点广告预算，放在品牌力的战场投入上，可能连个小水花都溅不起来。

那么，中小成长型企业的战场应该在哪？在渠道和产品！所以哲仕一直和中小成长型的企业客户强调：你们当前最重要的，不是品牌力，不要头脑发热觉得自己能做品牌影响力了，这种想法在企业资本预算不具备优势的情况下都非常危险。因为对品牌力的战场来说，你可能连到达战场的路费都不够。中小企业竞争的路线应该是产品力！因为只有产品力才是中小企业竞争唯一有机会的可行路线！

现在回到《第一级火箭》这本书里所说的营销方法，哲仕的方法都不是帮助客户做品牌力的方法！从我的第一本书《超级购买理由》到现在的《第一级火箭》，它们都是一套具体帮助企业做好产品力的方法！产品的本质就是购买理由，中小企业唯一适用且有机会的竞争路线，就是产品力！

李　辉

2021年2月1日

CONTENTS
目 录

方法

第二部分

常识

第三部分

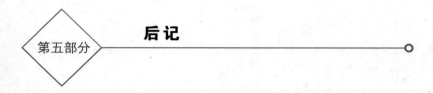

本 质

第一部分

01 产品是营销的第一步

"做营销？还不如老老实实做产品！"

"我们的产品是真的好！只是营销做得不好！"

"做产品我们行，做营销我们就不在行了！"

……

直到今天，我们还会遇到一些企业讲类似上面这样的话。

当我一听到对方说这种话的时候，心里就会马上知道，对方的企业不是做营销不行，而是根本还不知道什么叫营销。

更准确一点说，应该是对营销有误解。

而且，我可以肯定，他们的产品也一定不行！至少站在消费者的角度来说，一定不是好产品！

因为从他们的话里面可以听出，他们都是把做产品和做营销理解成了两件事情，觉得自己是做好了产品，而没有做好营销。甚至觉得做营销没有做产品重要。

这就是一种对营销认识上的误区。

我们现在先来讲一讲什么是营销：

美国营销大师罗姆·麦卡锡在20世纪就讲过了，营销就是4个P：产品（product）、价格（price）、渠道（place）、促销（promotion）。任何企业做营销，都是在这个四个变量上做调整。

我们可以看出，做好产品其实本身就是营销的一部分，而且是第一部分，最重要的部分。

优秀的企业，从产品的开发创意开始，就已经是在做营销。产品的意义在于满足目前市场上尚未被满足的需求与欲望，只有能发现并满足这种市场需求的产品，并且能以更低成本的优势满足市场需求，才称得上是一个好产品。

站在这个角度，我们再去对照一下自己做产品，在产品开发的时候，看一看是不是真的"做产品我们行"或者"我们的产品是真的好"，如果答案也是肯定的，那么就不存在说"我们做营销不行"，因为你这已经是在做营销，并且已经在营销的工作上做出了正确的一步。

　　反之，如果你的产品在开发时没有认识到这一点，那么也就根本称不上"我们的产品是真的好"，或者"做产品我们行"这一说法。你认为的产品好，最多也仅仅是自我陶醉罢了。

　　不能理解"产品的本质就是购买理由"的企业，都不可能做出好产品，不需要质疑这句话，这毫不夸张！

　　那要怎样才能真正做好产品呢？

　　必须理解开发产品就是开发购买理由，理解产品只是购买理由的载体，消费者为之买单的，永远不是产品本身，而是购买理由。没有基于购买理由开发出来的产品，在一定意义上说，从一开始就没有生命，没有存在于市场的意义。

　　因此我还讲过，真正的产品开发高手一定本身就是一个营销高手和优秀的产品开发人，他在开发产品时，绝对不仅仅是只思考如何生产出这个产品，而应该思考大家有什么需求未被满足？需要怎样的方式满足？这个过程中会需要用到什么样的工具（产品）？我们怎样能更低成本地设计出这个工具？这个工具要怎样卖给对方……这一系列完整的产品开发思路。

　　而某些单纯的思考如何将产品生产出来，再一味强调产品的品质如何好的企业，实际上，这是一种残缺的产品开发思维。这不是不会做营销，而是不会做产品！

现在我们再返回来看看开始时的那几句话：

"做营销？还不如老老实实做产品！"

"我们的产品是真的好！只是营销做得不好！"

"做产品我们行，做营销我们就不行了！"

是不是在产品与营销的认识上就出了问题？

02 创意的任务：帮助消费者降低三个成本

哲仕的超级购买理由方法不是一套帮助企业卖产品的方法，更准确地说，它是一套帮助消费者快速购买产品的方法。因为哲仕方法里的一切创意原理，都不是站在卖的角度，而是站在买的角度，一切创意都是在围绕如何帮助消费者购买而进行。

如何帮助消费者购买？用创意降低消费者购买过程中的成本。消费者在购买过程中有哪些成本？我列了三个成本：

1.消费者寻找与发现产品的成本；

2.消费者选择与判断产品的成本；

3.消费者记住产品的成本。

下面我们就来具体讲一讲这三个成本。

第一个是降低消费者寻找与发现产品的成本，任何产品、服务与消费者建立关系的第一步，就是要让消费者在众多产品中先发现我们。基于解决这个问题，你就能明白哲仕为什么一直在向客户强调广告信息要尽量放大、要考虑现场环境、考虑产品在货架上的陈列效果、考虑创意时差。

不管是在琳琅满目的商超货架上的产品包装设计，是在繁华街道上的门店招牌设计，还是在现在的电商平台页面上，我们都必须首先考虑如何优先让消费者注意到我们，要做货架上最容易看到的产品，要做整条街最靓的店招，要做电商上不用点开大图就能看清的设计。

第二个是降低消费者选择与判断产品的成本。哲仕说消费者的一切选择与判断都是来自品牌与产品的设计，即使消费者感觉站在货架前是他自己在做判断，而实际这一切都是品牌与产品设计好的，产品在产品开发、广告设计、包装设计时，就已经为消费者设计好了这一系列的判断。

哲仕的认知调用技术、议题设计技术，都是在为消费者降低选择与判断的成本。

认知调用技术是调动消费者自己的整体经验；议题设计技术是带领消费者从我们设计的角度来认识产品。最终目的都是帮助消费者快速认识产品，做出选择，降低消费者的判断成本。

比如哲仕为同仁堂儿童药设计的"宝宝小药箱，百年同仁堂"，为安馨大厨调味品设计的"煨足20小时，煨制高汤更鲜香"，为赢加饮料设计的"唤醒最佳工作状态"，等等，都是这样的创意。

最后一个是降低消费者记住产品的成本。品牌一切的传播与广告都是在与消费者的遗忘作斗争，特别是在这个信息过度饱和的时代，消费者没有任何义务和精力去对某一款产品做特别的记忆工作，品牌与产品只能靠创意去降低自己让消费者记住的成本。

哲仕方法提倡广告话语要用口语，甚至要用顺口溜，都是基于降低消费者的传播与记忆成本。

现在再问一句：创意需要怎样做？就是围绕降低消费者的这三个成本去做！产品在降低了消费者的这三个成本后，自然就在市场上拥有了更大的优势，拥有了消费者自动选择我们的力量。

最后，创意降低了消费者的发现成本、选择成本和记忆成本，也就等于降低了企业的营销成本，所以创意的任务，就是为消费者降低成本，为企业降低成本。要判断一个创意是不是真创意，就看它是否解决了这三个成本问题。

03 品牌的本质是承诺

对于消费者来说，品牌就是一种保障；对于企业来说，品牌就是企业向消费者提供的一种承诺；对社会来说，品牌就是一种更优质的社会和商业运行方式。

同样的产品，消费者愿意选择更大的品牌，是因为更大的品牌代表着一种更大的保障；企业给消费者的保障越大，品牌影响力就越大！所以，用一种最通俗的方式来理解，就是不敢骗人的企业，就是品牌！

品牌不敢骗人，是因为骗人的成本会很高，为什么品牌骗人的成本很高？因为品牌自愿的，品牌骗人的成本不是他人附加给品牌的，是品牌自己主动将自己骗人的成本设置成很高，以此要求和确保自己不骗人，品牌不敢骗人，消费者就更信任它，这就是品牌的运作原则。

而站在社会的角度来看，品牌就是一种更优质的商业运行方式，品牌的存在降低了消费者的成本，降低了企业的成本，也降低了社会监督成本。

社会因为品牌的存在，而少了很多监督成本，因为品牌就是自我监督，它做得不好的话，消费者就有权利惩罚它，因为品牌给了消费者这个权利。反过来，消费者因为有了这个权利，就能快速信任品牌，品牌给消费者的信任成本就降到了最低。

如果没有品牌，我们今天的消费，就会如在类似于车站和旅游景点消费时，遇到服务态度不好、高价宰客、买到伪劣产品之类的情况。

为什么？因为在这两类地方消费的大部分是一次性顾客，商家干的就是一次性买卖，不考虑消费者的重复购买，所以他只考虑这一次的利益最大化，他就敢宰客，因为他骗人的成本很低。

品牌解决的就是将商业的一次性买卖变成重复合作，大家都知道一次性买卖成本最高，旅游景点和车站的商家不考虑同一个顾客能在他们那里消费第二次，所以大家在这两种地方消费时就会特别谨慎，商家的被信任成本就变大了，长此以往，他们永远也诞生不了品牌。

因此品牌的本质是它能不能对消费者负责到底，能负责，就是品牌，不能负责，就不是品牌。

企业承诺给到消费者的保障越大，品牌就越大。

　　讲一件我曾经在《超级购买理由》一书里讲过的事情：

　　我的一位朋友曾和我感叹："苹果品牌太厉害了！"我问："它怎么突然就让你觉得厉害了？"

　　他说前段时间在美国旧金山买了一个ipad，回来后用了两个月屏幕上出现了雪花，前几天正好出差在上海参加一个展会，就顺便拿到了上海的苹果维修中心，打算让对方看看可不可以修好。

　　结果是苹果上海维修中心的人员让他填写一张单子，直接说给他换一台新的，他还质疑地问了一句："我是在美国买的也可以吗？"对方回答他："只要是我们苹果的产品，你在月球上买的都可以。"

　　就这么一件事情，我那位朋友从此对苹果品牌的印象非常深刻，因此他专门拿来和我说了。而且我也因他的这个事情对苹果品牌的印象又加分了，这就是品牌的原力。

　　用了两个月的产品，出了问题，不问原因直接换一台新的，而且是品牌方主动这样操作，这就是向消费者承担责任。消费者在消费一个产品时能享有这种被承诺的权利，那这个产品就是品牌。而且消费者享有的这个权利越大，代表着品牌的品牌价值越大。

后来过了几年我再将这个事情和大家分享的时候，有朋友说："那是在以前，你现在去试试，看能不能直接换一个新的？"确实，如果现在我们照这样拿过去，苹果的工作人员不会再像之前那样直接换新的了，这恰恰证明了一个品牌价值能延续收益的问题，苹果品牌的责任与认知在大家的印象中形成了，这个印象将为品牌带去源源不断的力量和效益。

反之，如果一个企业产品和服务在与消费者合作过程中，用各种"聪明"的条款剥夺消费者最后可能惩罚品牌的机会，那这样的企业即使再有名气、规模再大也不是品牌，它在市场上发挥不出品牌的力量，又或者即使曾经它是品牌，从它不能兑现给消费者所做承诺的那一刻起，品牌就失灵了。

04 媒介即信息

媒介即信息。这句话是媒介理论家马歇尔·麦克卢汉说的，他也是传播学多伦多学派鼻祖。这句话的意思是媒介定义了信息，同样的信息出现在不同媒介上面，大家接收到的信号会不一样，因此得出媒介有定义信息的功能，也可以说，媒介本身就是一种信息、一种信号。

比如同样一段内容，我们从书本上看到、从微博上看到、从微信上看到和从抖音上看到时，能接收到的信号是完全不一样的。原因就在于书本、微博、微信、抖音这几个媒介的属性不一样。

书本作为媒介，它在大家的认知分类里是存储着知识和思想的，我们看书时的状态，就是一种获取知识和学习的状态，我从书本上看到的内容，会将它归为知识。

微博作为媒介，它在大家的认知分类里是一个获取资讯的平台，我们刷微博时的状态，是一种获取讯息的状态，在微博上看到的信息，我们会习惯性将它归为类似新闻。

微信作为媒介，它在大家的认知分类里是一种社交工具，我们在刷微信朋友圈时的状态，更接近的是一种分享和交流的状态，在微信和朋友圈上看到的信息，我们会习惯性将它归为个人观点和心情。

而抖音作为媒介，它在大家的认知分类里是一个娱乐和消遣的平台，我们在刷抖音时的状态，是打发时间的消遣状态，抖音上刷到的内容，我们会习惯性将它归为娱乐。

明白这些有什么用？它在我们的企业广告投放选择媒介时就成了一个非常关键的因素，我经常建议哲仕的客户们，说企业在有条件的情况下，广告媒介的选择有一条通用标准：一定要选择贵的，而且是越贵的媒介广告效果越好！有的客户说，这当然啦，越贵的媒介，曝光率越高，当然效果越好！我说这不是曝光率的问题，是"贵"本身它就是一种信号，而且是一种非常有效的信号。

同样一瓶酒的广告信息，我们在地下通道的海报上看到它和在报纸上看到它，它给我们传递的信号是不一样的，如果我们在中央电视台上看到这个酒的广告，那我们接收到的信息又不一样。这不是看到的人数不一样，而是假设就算同样都是1000人看到，在中央电视台上看到的那1000人，产生的效果会更好。这就是媒介本身的信号效果不一样。

05 媒介可以分层

"媒介层"这个词是我自己说出来的，就是基于前面媒介即信息的原理，媒介和信息既然可以相互切换，也可以同时发出信号，那么我们在做广告时，其实就可以通过"媒介叠层"的方法，一层层将广告信号放大。

每叠加一层，信号能量都会翻倍。如果你平时留意，就会发现这种原理在一些企业的广告营销中已经在运用。

举一个例子，某广告公司写了一本书出版介绍自己的创意思想和方法。这个时候，书就是媒介，书里面的思想和方法就是信息；而广告公司又将这本书在航空杂志上做了广告，这个时候，航空杂志就成了媒介，书就成了广告的内容；到这里还没完，然后广告公司再将航空杂志上的广告拍照发到微博上，这个时候，微博就是媒介，航空杂志上的广告就成了微博的信息。

有没有发现在这个过程中，媒介就是内容，内容又是媒介？相互可以转换，而且在这个媒介层的作用下，最初内容本身的能量已经被逐层放大。

06 品牌文化是让品牌调用文化的财富

什么是文化？

什么是品牌文化？

品牌为什么需要文化？

品牌和文化的关系是什么？

在弄清楚品牌文化之前，我认为要先弄明白文化是什么，什么是文化？文化就是人们的价值观念与习惯，是人们的生活方式、行动指南和行动规律。

观念背后是习惯，习惯背后是规律，规律背后是力量，一切力量都可以转化成财富。

所以任何一种文化都是一笔财富。

什么是品牌文化？品牌文化就是品牌拥有的一种价值观念和行动指南。

品牌为什么需要文化？因为品牌需要拥有文化背后的力量和财富！品牌和文化的关系，就是品牌嫁接一种文化，让品牌成为文化的载体，让产品成为文化的道具，人们按照文化生活，依照文化行动的规律和力量就转嫁成了品牌获取顾客的力量，品牌就等于调用了这种文化的力量和财富。

举一个例子，比如，脑白金的品牌文化就是孝道文化加送礼文化，孝道文化和送礼文化在中国几千年来一直存在，人们依照文化形成了行动指南，我们孝敬长辈，看望长辈时都要送礼表心意。

给长辈送礼，就是一种文化力量，它不是由单个人的个人意愿决定的，而是一个固定的文化剧本，人人根据这个剧本行动。

脑白金就是将自己的品牌化身到了这个文化剧本里面去，让脑白金产品成为孝道文化和送礼文化剧本中的一个道具，瞬间拥有了孝道文化和送礼文化的力量，拥有了这两个文化力量背后的巨大财富。

品牌文化，就是让品牌成为文化的载体！让产品成为文化的道具！这就是品牌文化的原理，我们再强调一遍：品牌文化的目的不是让大家觉得品牌有文化，而是让品牌拥有文化背后的力量和财富。

再比如，月饼是中秋节团圆文化的道具，汤圆是元宵节的道具……这些都是产品成为文化道具的例子。品牌和产品一旦将自己化身到某种文化里面，就像是搭上了文化的列车，产品就不再是产品，而是文化的一部分。

所以品牌文化是品牌最重要的资产之一！和品牌名称、品牌口号、品牌使命一样，它本身就是一种财富。

07　广告的本质是唤醒消费者集体潜意识

我在出版的《超级购买理由》一书中曾经讲到过，消费者的一切消费行为都是可以由品牌的营销者事先设计好。也就是你的所有消费选择和判断，其实都是来自他人的设计。

你可能从来都不这么认为，你会说你的判断和选择都是来自自己的经验。但是你可能从来没意识到，你认为的那些"自己的经验"90%以上也是受文化影响或者从别人那里听说而来，或者说你的很多经验和看法自己都说不清楚它来自哪里。

我们每一个人身上都存在这种类似与生俱来的经验或者是听来的经验，心理学家荣格将这种现象叫作"集体潜意识"，也可以译作"集体无意识"，这些经验与生俱来，有一部分甚至是人类祖先在经历许多世代一直保持不变的经验累积而来的结果，是一种对某些事物保持的先天性反应倾向。

比如我们看到太阳和阳光就会感受到希望，看到黑暗就会感受到邪恶，这些感受，都是来自人类世世代代每一个成员所经历过的经验里的潜意识。

现在回到我们的主题，我说广告的原理和目的就是调动消费者自己的经验，广告创意就是通过一些可以调动人们经验的符号、画面、词语等，调动人们的集体潜意识。

让人们在看到这些符号、画面或者词语的时候，产生无意识情况下的潜意识经验判断去完成选择购买我们的产品。这就是广告让消费者在无意识下行动的原理。

我相信大家已经注意到了上面出现的"符号、画面、词语"这几个字。没错，人类所有的经验的原型都藏在这三个媒介里面。

比如，前面说过的太阳的符号能让你调动希望的潜意识；又比如，当你听到或者看到"英雄"这个词语的时候，会调动出你对正义、崇拜的潜意识。只要某些特定的画面出现在你眼前的时候，都会激发起你潜意识里面对这幅画面相应的原始经验。

正因这样，符号、画面、词语也就成了广告创意发挥的三个主要元素，我们所有的广告创意，都可以通过这三个元素对消费者发出有效的行动指令。甚至，这种指令是无法抗拒的，因为它是来自消费者自己潜意识里的经验，也就是前面我们说的，消费者认为那是他自己的经验，自己的想法，从来就没有觉得是别人在指挥他。

这里要特别说明的是，广告对消费者潜意识的调动，不是去隐藏广告的动机，恰恰相反，我们是要通过词语和符号去放大我们对消费者的指令和指挥，让符号和词语去激发消费者对应的经验，这样才能让广告指令增强到潜意识层面无可争辩、无法拒绝的强度。

《超级购买理由》一书中我讲到过：哲仕的核心技术就是人类认知调用技术。

人类认知，就是人类潜意识里固有的经验，只要广告创意者明白这一点，并且在做创意的时候遵循这样的方法，那么创作出来的广告，都将拥有消费者无法抗拒的力量。

08 条件反射

广告的本质就是调动人们的"集体潜意识"，广告通过符号与词语两种信号形式刺激人们的集体潜意识，诱发人们在无意识下做出反应与行动。这一点我们已经讲过。

那么这个"潜意识"是如何被刺激出来的呢？

这里我借用俄国心理学家、生理学家巴甫洛夫的一个词：条件反射。巴甫洛夫在他的著作里认为：人的一切行为都是条件反射的结果。接收到什么样的信号刺激，就会诱发出什么样的反射。

条件反射分为两部分，一部分是条件，另一部分就是反射。我们的广告发出什么样的信号，就会诱发消费者做出什么样的反应，在信号与消费者的反射之间，夹着一个条件，就是人的潜意识。

条件从哪里来？

条件从潜意识里面来，在研究"潜意识"如何被诱发出来之前，我们先来弄明白"潜意识"是怎么样形成的。前面的章节讲到过人类一生下来，就自带了一部分与生俱来的潜意识，比如对求生的本能、对异性的本能、对求胜的本能，这些都是人类与生俱来潜意识里面的本能。

但是先天的潜意识在人类生活中影响到日常行为的概率是非常小的，人们日常生活中做出的绝大部分行为，都是后天习染而成。

被文化、环境、身边人的习惯、某一次不经意的刺激或广告等驯养而来。我在这里使用"驯养"这个词语并不是贬义。本来有个词叫"培养"，但是我觉得在社会关系中，"培养"这个词没有"驯养"准确。

我们不能否认我们所有人都是处于驯养和被驯养的角色之中。驯养是一种责任，也是一种爱。

在这个驯养的过程中，通过长期的反复引导和训练，人们就形成了特定的令行禁止，什么情况下做出什么反应，一切都形成了潜意识下的条件反射。

而这一切的条件反射，都可以在广告中使用，我们只需要根据我们的产品和动机，找到能让消费者做出相应反应的条件，然后通过符号与词语对其进行刺激，就会形成消费者的本能反射。

而且这个反射的程度，会随着我们广告发出的这个刺激信号的强度变化而变化，信号越强，反射效果越大。

在理解了潜意识的形成之后，我们现在再来具体讲一下怎样发现我们需要的潜意识。

我们拿王老吉凉茶举例，"怕上火，喝王老吉"这句广告话语就调动了人们的集体经验！首先是"上火"这个词的集体经验的普遍性，几乎只要是中国人，都体验过，而且上火这种体验的刺激频率非常高，它基本上算是中国人特有的一种身体不适的综合统称。

不管是头痛、口干，还是喉痛、牙肿、睡眠不稳等，在普通百姓看来都和上火有关系。

其次是"怕上火，喝王老吉"这个集体潜意识的调动，是调用了人们从小就听自己的爸爸妈妈或者是家里其他长辈一直在说，上火了就要喝凉茶。于是大部分人平时只要身体有点不适，就觉得自己上火了，只要觉得自己上火了，就想到要喝凉茶，这就是一种典型的条件反射。这种条件反射被王老吉调用到品牌的广告里面，就形成了巨大的力量。

"怕上火，喝王老吉"，这句话就是在通过语言信号刺激消费者做出条件反射的购买行为。

王老吉的广告中调用的集体经验从哪里来的？从民间文化中来！上火喝凉茶，是一种民间文化。

与此相似，人们的潜意识，它藏在我们的文化中、环境中、日常活动中……比如，我们每天起床后要去上班，出门前会照镜子，习惯走同一条路线，开车时从来不用去想去记要在哪个路口转，而是好像握方向盘的手自己就知道在哪左转或者右转。去同一个商店买东西，在同一个时间做同一件事情，等等，都是来自我们的潜意识。

一切都是来自条件反射。

培养一个反射条件

条件反射在广告中的应用，不仅可以调用人们原有的集体潜意识作为条件，还可以自己制造、培养消费者的潜意识。

还记得前面我们讲条件反射里的条件从哪里来的时候讲过的吗？条件也可以是广告本身刺激出来的。

比如说"今年过节不收礼，收礼只收脑白金"这句话，就是依靠广告本身释放的信号，再通过播放高频率刺激，让消费者形成条件反射。

脑白金当年的广告策略，是在春节之前的一段时间和春节期间几是全覆盖不间断地播放这句话，最终的目的就是要让消费者形成一个条件反射：送礼就送脑白金！

当年很多广告人都说，脑白金的这句广告语不仅没依据，而且还有语病！确实没错，但那一点都不重要，因为脑白金的创意团队明白，他们根本不需要依据，不需要去说服我们，只要我们产生条件反射。就是这么简单，其实所有的广告都是这个原理。只是大家释放的信号强度不一样，消费者所做出的反射效果也不一样罢了。

所以我们这里必须重复一下：广告一定要向消费者发送自己明确的信号，并且给出的信号越强，效果越好！

信号的强度由什么决定？

任何信号都是由频率、规模和大小决定！

同样一句"怕上火，喝王老吉"，它出现在你面前的频率不同，你做出反射的效果就不同，还有，这几个字出现在广告上面的大小不同，对你的刺激程度也不同。

在哲仕，我们不管是做任何设计，都跟客户强调要将创意中的关键信号放大，而且要放到足够大！就是这个道理。

规模也决定信号的强度，比如我们看广告，即使是在同一个地方，看到一块和看到很多块的效果是不一样的。有很多企业觉得，一个视野范围内，有一块牌子就好了，多了是浪费，其实不是那样的。

这个规模的原理，还体现在一些企业在同一条街道开多家店，或者说是在同一个片区内开多家店的操作，也是同样的道理。你在一条街上看到一个水果店，和你在一个片区看到很多家这个品牌的水果店，这个信号强度是完全不同的。

产品也一样，为什么很多商家不管是在街边，还是在商场，都喜欢将自己的产品堆成山一样的堆头？就是要形成规模感，这样信号就会被放大。就会更大程度地刺激消费者的反应。

关于条件反射，我们就先讲到这里。

09　口碑传播的前提是你得先有碑

我本人做着营销创意工作，总避免不了遇到一类企业客户说："做广告不如做口碑！"每次只要一听到对方这样说，我就知道又遇上不懂什么是口碑的企业了！因为在他的认知里，广告和口碑是分开的，甚至是对立的。就像本书开头讲的做产品和做营销的误区一样。

我们先来看看什么是口碑？先从字面上理解一下：口，就是口口相传的意思；碑，就是石碑，就是碑文。所以，口碑就是刻在石头上的碑文被口口相传的意思，这就是"口碑"这个词最原始的含义。

如果你还没有明白过来，那我再补充一下，口口相传的口是谁的口？当然是消费者的口，刻石碑上的碑文是什么文？就是企业为自己设计好的广告文！设计好的广告话语，让消费者口口相传，就是今天商品的口碑了。

听到这里可能有人会抬杠，会说口碑的碑不是广告，而是产品本身好！

这样抬杠的人就是因为不懂传播的原理，说到传播原理，这里又得先讲一下什么是传播，传播传播，要传也要播，而且顺序应该调换一下，是先有了"播"才有"传"。

什么叫"传"，你跟朋友说一句话，朋友听后，再去说给第三个人，才叫"传"！第一个说出来的人不叫传，叫"播"！企业做广告，应该叫作"播广告"，播出去，然后才有东西让人去传。

回到说"产品好"上面来，产品要好，那是基础，但是光产品好，你不为大家设计出用来传播的碑文，大家也不知道呀，即使知道了，他也不一定知道怎么把这个"好"准确描述出来呀！

继续举个例子，就像一个好人，不管他再好，如果没有信息介绍他的好，那最多也就是他身边的几个人知道他的好，毕竟不管是人还是事物，这个世界的"当事人"永远只有那极少的几个，而千千万万的人认识这个世界事物的渠道，都是听来的和看来的。

正如美国幽默作家威尔·罗杰斯喜欢说的一句话："我所知道的所有事情，都是从报纸上读来的。"我们认识到的几乎所有的东西，都是如此，都是别人告诉你的，不是从新闻上看到，就是从广告上听说，你认为你是在靠自己的经验判断的时候，可不知道你的经验也是来自听说。

要知道，基本上我们对整个世界的认识，都是来自二手信息，即我们不是当事人，包括我们的知识和经验都是别人告诉我们的。

因此，就算是好人，想要流传，也需要先有碑才有口，他得在墓志铭上写着，或者在书上写着，后面的人才能知道他的好。

我们回到最前面关于讲口碑和广告的关系上。讲这么多，就是想让大家明白一个现在市面上很多企业普遍存在的认识误区，就是觉得口碑和广告不是一回事，甚至觉得是对立的。

而实际我要告诉大家的是，广告就是口碑的碑！你的产品如果想形成口碑，想让大家口口相传，前提是你得有那个碑文，要有一句设计好的让消费者去传的话语，这样你再回过去看看那些做得好的企业和产品，就会明白，哪一个不是先设计好了一句话，然后让大家去传的？

产品的广告语，也就是产品的超级购买理由话语，就是企业设计好的一句话，让大家统一口径去传，去形成口碑！企业也只有明白这点，才能形成自己的口碑。

10　没有广告语，你的产品就是个聋哑人

我们是通过眼睛和耳朵认识这个世界的，这是我们获取一切信息的两种主要方式。眼睛对应的是画面，耳朵对应的就是语言。

所以品牌与产品做广告，做任何创意，都逃不开在语言和画面上做文章和创意。

不少企业摸爬了很多年，产品也做得非常努力，你跟他说要设计一句广告语，但他还不明白广告语到底有什么意义。

我说广告语就等于产品的嘴巴。没有广告语的产品，就失去了传播能力。

曾经有人反驳，说怎么就无法传播了，按照你这说法，那些没有音频的平面广告难道都无法传播吗？

我说平面广告上面也需要有广告语，有一句广告语在上面才有传播的基础，没有广告语，如果纯粹是一个视觉画面，它就不具备传播功能。

其实关于"传播"的理解，我们在上一节里已经讲过，传播分为"传"和"播"两个部分，企业投广告不叫传播，只能叫作播，播广告，能不能传，还得看你播的广告内容是不是设计好了能让大家去"传"。

这里有个特别关键的原理大家一定要明白，就是"传"是通过什么来进行的？

是通过我们的嘴巴。它不是通过眼睛，也不是通过耳朵。我用眼睛看到一个事物，那只能是我一个人知道了这个信息，包括用耳朵听到一个信息也一样，我们知道一个信息之后，要传给另外一个人，它必须通过我们的嘴巴。

即使有些特别的画面没有语言，它也能完成传播，但最终还是要通过转码成语言来完成，比如我们为"海雀"鱼肝油设计的产品包装设计，包装设计用了一只大嘴巴海雀卡通形象，目的也很明确，就是为了要让它实现视觉可以转码成语言的功能。

消费者看到包装，可以自己转码成准确描述的语言"瓶子上有只大海雀的那个"。通过转码成语言后，就能完成传播。

所以完成一次完整的传播，需要通过眼睛+嘴巴，或者是耳朵+嘴巴，总之绕不开嘴巴。

讲到这里你应该已经想到了我在说什么，没错，就是传播必须依靠语言，广告传播必须依靠广告语。广告语就是设计好用来让大家可以用嘴巴去把我们的产品信息"传"出去的语言。

在理解了广告语就是用来解决传播中"传"的问题后，接下来我们还要弄清楚是谁在帮我们传？当然是消费者在帮我们传，企业只能完成播广告，传广告的角色实际是消费者。企业设计广告语，就是设计一句话，用来给消费者用嘴巴去传播用。

只有弄清这一点后，我们在想广告语的时候，才明白怎么样做。

比如哲仕早期就给一个做保健酒产品的品牌想了一句超级具备传播力的广告语："烫着喝，更有效！"这句广告语就是典型的为消费者设计好，让他们去传播用的，场景我们都设计好了，就是大爷们在和自己的朋友分享这酒时，他就会说一句："烫着喝，更有效！"这就是天生的传播力。遗憾的是那个产品后来在其他方面出了些问题，现在已经没有了，因此后来我在和那个客户见面时，我说真是可惜了咱们那句那么好的广告语呀。

重复强调：广告语就是企业与产品的嘴巴，没有广告语的产品，不具备传播能力。

11　包装就是产品本身

接下来我讲产品包装。

我们站在商场货架面前时，会看到上面有饼干、饮料、牙膏、电池等，琳琅满目的，我们看到的全是产品，对吧？从来不会有人觉得自己站在货架面前时看到的是包装设计。

这就是真实的消费者视角。

在消费者视角里，产品包装就是产品，大家不会觉得自己看到的是一个包装设计，而只会直接把它当产品看。所以，在真实的消费者视角里面，是没有"包装设计"这一说的。

"包装设计"这个词本身就是企业和设计师的视角，站在企业和设计师的角度，才有产品和包装设计两个部分。

理解这一点非常关键，我们有时候会遇到一些企业在讨论包装方案时，说这个包装设计在审美的角度需要再调整调整，创意方面也需要再调整调整，如何如何……这种时候我都会提醒对方，说你这是站在了企业自己的角度在审视了，但是对方还会反驳，说自己就是已经换位思考了，是站在一个正常消费者的角度在提建议。

他不知道这个时候他自认为的换位思考，其实根本没有换过去，他还是站在企业的角度将方案当包装设计看，而不是真正像消费者站在货架面前那样将它看成是一个产品。

在消费者视角，包装就是产品，他看的是信息，是在判断这是一个什么样的产品？有哪些特征，自己为什么要买它？能从中获得什么好处？而在设计视角，包装就是一份设计方案，判断的是美不美，档次怎么样？有没有创意，设计是否完美？

这两种视角，已经决定了两种完全不同的判断标准，得出的结论也就有天壤之别了。

就像有一次我认识的一个设计师朋友，他刚买了一瓶洗发水，我问他为什么买这一款，他说没有为什么啊，看到这个是控油的，就买了。

然后我故意再问他，你觉得这个洗发水包装设计怎么样？他又专门拿起来看了一眼，说包装设计的话，其实就有点不够档次，还有这字体如果可以再设计一下就好了。

接着我就乘机给他讲了这个视角的关系，我说你现在这种现象，就是人们站在设计视角而导致的典型的"审美病"！几乎所有人都有这毛病。

作为消费者正常买东西的时候，就是消费视角，就能正常接收产品包装上传达给自己的信号，并正常做出判断，然后买单。而一旦有人提醒你一下，让你感觉一下这个设计怎么样，立马就切换到了设计视角，就警觉性地进入审美状态，开始把包装当包装设计看，而不是当产品看，从而彻底丧失了真正的判断能力。

企业和设计师在做包装设计时一定要认识到这一点，因为只有这样，我们才能准确地判断和设计出一款有效的产品包装。当你明白这点之后，你也就会明白产品的包装其实就是充当了一个产品解说员的角色，让产品在消费者面前自己"说话"。因此，能快速有效地将产品的购买理由传达给消费者，就成了产品包装的首要任务。

包装就是产品本身，包装设计的本质，就是让产品"说话"！

12　命名是营销的起点

名字就是成本，名字就是价值，名字就是营销的起点。

品牌名字对品牌的意义太大了，一个好的名字能让人快速记住这个品牌，并且快速联想到其优势和价值；而一个糟糕的名字则刚好相反，会成为企业营销甚至是企业发展中的绊脚石。

我们讲品牌名字，又得讲到成本的问题！成本和利润永远是企业经营中的两个核心点，企业经营永远围绕怎样降低成本、如何优化利润而开展。

名字也是一个企业的成本，好记的名字传播成本就低；难记的名字传播成本就高。

你听到一个品牌叫六个核桃，听一次你就记住了；而听到另外一个牌子叫达利园，你记住它的难度就大了很多。

如果说六个核桃这个品牌名字，要花1000万元广告费才能让大部分人记住，那么达利园这个名字则可能要花5000万元才可能让大家记住。这就是名字成本的区别，如果你的品牌从名称开始，成本就比别人贵了五倍，那在营销上又还有什么优势可言？

类似的例子很多，爽歪歪的名字比乐百氏的名字成本低；宝马的名字比雷克萨斯的名字成本低；瓜子二手车的名字比优信二手车的名字成本低……

这个成本就是消费者的记忆成本，我们说过所有的广告都是在与消费者的记忆作斗争，消费者记住我们的成本高了，就是企业的营销成本变高了。

名字对于企业营销的成本来说，做到好记就行了吗？还不行！

除了好记，还得好叫！因为好叫是传播的基础，之前我们讲过传播的这个动作，是通过嘴和耳朵两个器官一起来完成的。而需要方便用嘴巴说出来的东西，才是方便传播的关键。

否则，它就传不了，一个拗口的、不方便喊出来的名字，就算你在自己的广告上面很认真清晰地播音出来，对方也听清楚了，但是因为他自己喊出来的难度比较大，所以就影响了传播，传播成本一下就又变高了。

这个道理，就比如我们听到一首歌曲觉得特别好听，但那个旋律，普通人就不是那么容易能唱得出来，那这歌就只能听不能唱，好听不好唱，就没法形成最好的传播。

名字也是一样的，当电视广告里喊出一个好听的品牌名字时，如果这个名字你想叫出来却拗口，那这个广告的传播到你这儿就容易终止，不容易从你嘴巴里再叫出来进行第二次传播。

更准确一点说，因为真正的传播是要在发生了第二次传播之后才叫传播，第一次只能算是播，不是传。播很容易，任何一个名字都能播，广告演员或者我们自己练习后就能播好；但传就不同了，要让一个名字容易传，必须要非常好叫，能被非常顺溜地叫出口。

因此，品牌与产品的命名必须遵循好叫的原则进行，好叫就是为了保证好传。

有的产品名字好听，但每次叫的时候都必须特意地在脑子里自己先练习一遍才能喊出来，比如"宝矿力水特"，每次叫起来就吃力，我相信大部分人干脆就叫前面三个字，直接叫"宝矿力"，或者干脆就觉得费劲，都懒得叫出来了，直接用手指一指或者自己拿。这样的名称在传播方面就没有优势。

而例如"爽歪歪""娃哈哈"，这样的名字叫起来就非常溜。大家平时就喜欢喊出来，能让人们顺溜地喊出来，才是一个名字传播的基础。

我们继续讲名字就是价值！

一切产品与服务在消费者那里都应该转变成价值，企业对于消费者来说就是价值提供者。因此获得消费者买单的前提，是你提供什么价值，多大的价值，需要让消费者知道。

优秀的名字有一个功能：它能直接将品牌和产品的价值体现出来，哪怕只看到一个单独的名字，就能知道这个产品有什么价值。

比如步步高学习机的名字，比如泻立停、咳特灵的名字，你一听名字，就能联想到它们的价值，我将这叫所见即所得！一个名字就已经让你感觉到了拥有它之后的美好，这样的产品，卖不好才怪！

在这里，我可以再重复一个我们的广告原则：所有的营销都是营销产品价值，能用一句话表达的价值，就坚决不用长篇大论去表达，能在名字里表达的价值，就一定要直接在名字里表达。

关于将价值直接放进名字里，最近我也发现一个教科书级别的案例，就是椰树牌新推出的椰子水产品，他们将产品名称按照包装规格直接命名为："1个椰子水""3个椰子水"。让我看到后直呼这就是真正的打创意呀！

这样的名字不仅直接告诉了你这是什么类型的产品，更是把产品最关键的价值直接在名字里说清楚了：如果单纯说椰子水，消费者最容易想到的是掺兑了多少的椰子水？因为大部分市面上的果汁饮料都是如此呀。

而椰树牌1升装的椰子水命名为"3个椰子水"，并在名字下面注明"敢承诺不掺水"的字样，产品的价值和消费者的体验就一目了然，不需要其他任何广告的解释，全部有了，营销的成本又进一步得到降低。这难道不是最直接又最天才的创意吗？

大家都知道，一句优秀的广告话语可以为一个企业或者品牌省去数千万元乃至数亿元的营销成本。要我说，品牌取一个好名字，更能立竿见影地帮助企业省下"几个亿"的广告费。

而为品牌命名，就是营销工作的起点。

营销的每一个环节，都是成本和价值，你将那个环节做好了，它就是一种价值，做不好，便成了企业经营中的一种成本，甚至成了企业发展的绊脚石。

13　名字也是产品本身

和包装就是产品本身一样，产品的名字也是产品本身。

美国著名修辞学家肯尼斯·伯克说："我们所处的这个世界都是由语言和符号构成的。"

人类认识这个世界上的任何事物，是通过名称和符号来认识，比如你看到一个桌子上放着一个杯子，"桌子"和"杯子"这两个词语就是人类给那两样东西命的名字，桌子这个名字就代表了杯子下面那个四条腿一块木板的东西，而杯子就是上面那个容器。

小孩在最初的识物教学资料里面，教他们认识一个杯子或者是一个苹果，就是将苹果的图片和"苹果"这两个字放到一起，这就是人类认识世界的方式：符号+词语。

名字就是物品本身，大家在看到、听到或者说到"桌子"这个词语的时候，脑海里出现的东西都是一样的，这就是用一个词语定义了一个事物之后，就等于将那个事物等同了这个词语，接下来在这个词语出现的时候，大家脑海里出现的画面就是一样的。

比如，在大家面前说到"阳光"这个词，就能将"阳光"这个词所代表的感受呈现在所有人脑海里面一样。这样，是不是感受到了每一个词语都像是一根指挥棒，词语能统一指挥和控制人们对事物的认识。

就像我们给格湘雅公司命名的"格湘雅太阳被"，顾客在看到名字时就已经在脑海里有了一个认识——它是一床暖和的被子。然后再加上我们给它的话语"格湘雅太阳被，棉花还有阳光味"，这就一下在消费者脑海里留下了这款棉被产品的印象。

还有我们在为礼赞记品牌定位了缓解焦虑的花胶产品后，将其命名为"喜颜开"，这都是在名称上就定义了产品，解决了产品的广告创意。名字的力量威力无穷，人们通过名字和符号认识世界，通过名字和符号认识产品，可以说，产品就是名字和符号的化身。

一切产品，都必须先转换成"词语（名字）"和"符号"，才能进入人们的脑海里。比如，我说我给你做一套"创意"，"创意"也是一个词语，创意这个词语代表了我接下来要为你做的工作，但是如果没有这个词语，你就理解不了我要给你做什么。

因此，与其说我们是在销售产品，不如说我们是在销售符号和词语。

就如王老吉卖"中华老字号"卖不好，卖"最正宗的凉茶"也卖不好，卖"怕上火"就卖好了。这就是卖词语，不管你从事的是什么行业，都是如此。而广告工作，就是一项运用词语和服务的技术工作。

14 符号给了产品意义

接着讲一讲符号，符号是什么？符号是怎么来的？

我们先从心理学家卡尔·荣格的"原型"概念理解一下，"原型"概念曾经由他在人类心理学理论中提出。先用他的原话讲一遍："原型"以神话角色的形式，在全世界的人类的集体潜意识中存在着……这些原型能够唤起人类深层次的感情，指引着人的行为。

我们将它再翻译得更直白一点：我们人类每天做出的一切行为，都有一个巨大的原型脚本在指引着我们，我们就像是脚本的执行者。

因为这些原型的存在都是人类在几千年甚至几亿年的进化中形成的，当它反应在我们的身上时，我们几乎已经感觉不到，但我们在潜意识层面时时刻刻都在不可抗拒地受到那个脚本的指引与控制。

原型通过什么形式指引我们？就是符号。

符号代表着某种原型，携带着原型的意义，我们看到符号就会被符号携带的意义所召唤。

比如，我们看到太阳的符号就能感受到太阳携带着的光明与希望的意义，看到月亮的符号就能感受到安详。不管是光明还是安详，它们都在指引着我们内心与它对应的动机。

又比如，最早的时候送心爱的人一朵玫瑰花，这朵玫瑰花本来就是一种普通的植物，它不具备任何意义，但当它进化成一种"爱情"的符号之后，它就有了意义，即使脱离掉原来的那种植物，今天我们在社交软件上发一个玫瑰花的表情符号给对方，这个符号就携带着那个意义，也能让对方感受到你发出的信号。

基于这样的理论，后来美国学者玛格丽特·马克和卡罗·皮尔森又共同在广告领域提出一个《品牌原型》理论，他们在自己的书中阐述了人类心理结构中最古老的原型印记，以及如何调用原型符号的意义到自己的产品上面，进而依靠原型的力量为产品创造销售力。

产品和品牌通过找到某种人类的原型符号，让自己瞬间代表了某种意义和价值，以此快速地与消费者建立意义共识，这种原型的驱动力能让产品和品牌快速爆发出惊人的召唤力。

更关键的是，人类的符号仓库非常巨大，每一个符号都像是携带着一股巨大力量的指令，人们接受着它们的召唤和指引。

所以，塑造品牌最好的办法就是：就自己的品牌或者产品牢牢地钉在某个文化原型上，品牌原型就好比是信号灯，指引着我们每个人行动。

人们在接触任何一样产品时，产品本身没有意义，是符号为产品注入了意义。是符号在传递给消费者信号，在指引消费者行动。

新的符号不断诞生

自人类诞生以来，我们形成了无数的符号，有的是在人类的祖先时期就形成了，有的是近期才形成，有的是全人类共同的符号，有的则是某个特定范围，特定群体自己的符号。

比如水滴的符号，全人类看到那个符号后，都知道那是水；比如箭头符号，比如红绿灯符号，等等，都已经是全人类共有的符号。它们所携带的意义是全人类共识。

再拿红绿灯的符号举例，这个符号就是在一百多年前才形成的，红灯停，绿灯行，然后再延伸到我们现在的一些电子软件的操作界面设计上，通行用绿色，拒绝用红色，都是应用了这个符号在人们潜意识里产生的作用。

新的符号不断诞生。

包括我们的广告领域对符号的运用，我们更多的时候是在调用人类已有的符号力量为自己所用。基于符号的诞生原理，产品和品牌自己也可以创造新的符号，让自己成为一个符号，而且现在已经有这样的案例，比如可口可乐的瓶子符号，它就是由可口可乐创造，而现在已经成为可口可乐的符号。

总之，符号的本质就是人类意义共识，广告对符号的运用，则要么调用一种共识，要么就自己创建一种共识。

15　LOGO设计的首要任务是信息分类

LOGO设计的第一目的是信息分类，是帮助消费者第一时间帮我们在他们的脑海中选择一个准确的储存位置。

因为人们在接收信息时，大脑会自动分类，只有能完成分类的信息，才会在脑海里存储下来，而那些无法归类的信息，则会自动过滤掉，这就是我们的大脑在接收和存储信息时的运作原理。

举个例子，比如，在一条繁华的街道上，你扫一眼过去，有餐厅，有理发店，有便利店，有宾馆……你能记得的，都是你能识别得了的，而其他更多的商店，不是你没记住，而是你的大脑根本没对它进行存储，就是上面的原理，我们的大脑对无法分类的信息不提供存储功能。

基于这样的原理，我们做LOGO设计时一定要突出行业信息，因为消费者需要在看到你的最短时间内，也是第一时间对你进行信息分类，要先识别你，才能存储你。

一定要明白，不管我们是做什么行业，我们竞争的第一步不是跟同行竞争，而是跟这个世界上所有的一切信息和事物竞争，消费者要先认出你的行业，行业分类这关通过了，你才会有机会进入与同行的竞争。否则，你连竞争的机会都没有，因为人们连你是做什么的都没有识别到的时候，信息只会被直接过滤掉。

这才是LOGO设计的本质，但很多设计师和企业都抓不住这个本质，因此诞生了太多的假LOGO创意，假LOGO创意会让企业的传播预算成倍增加，而这种浪费掉的传播费用又无法统计。

所以才有广告大师约翰·沃纳梅克的那句："我知道我的广告费用有一半是浪费的，但我不知道是哪一半。"

在关于创意本质和目的的认识上，很多设计师和企业一直在走弯路，让企业广告预算白白浪费。

16 LOGO设计创意的三条标准

上一节，我们已经弄明白了企业和品牌LOGO的本质目的就是信息分类。现在我讲设计师在做LOGO设计创意时怎么来判断自己的创意是不是真创意，我下面再给出三条真创意的标准。

分别是：降低辨识成本、降低传播成本、降低记忆成本。

所有的广告都是在与消费者的遗忘作斗争，所有的营销创意都是在降低企业和产品让消费者记住的成本。

让人们在最短的时间内将我们的品牌记在自己脑海里，是所有品牌和产品最重要的事情。而让人们记住品牌所有的信息太难了，所以我们要从一开始就将我们的一切信息，存储到一个我们自己设计好的符号上面去！最终以一个LOGO的形式存储到消费者脑海中。

让以后消费者一看到或者一想到那个LOGO符号，就像是打开了一个存储我们全部印象的U盘，里面储存着我们曾经接触过的和可以联想到的那个品牌的一切。

LOGO的本质即符号，符号是什么？就如我们不管在任何地方，看到光头双手合十，就会想到佛！光头和双手合十就是佛为自己设计的符号。

双手合十的符号里面，就存储了佛的所有信息，甚至包括那些你能联想到佛代表的一切人生观、世界观、价值观，而自己可能都无法用语言准确表达的信息。你只要做出那个双手合十的动作符号，就感觉到自己已经表达了出来。

这就是符号的力量。如果佛是一个品牌，那么双手合十就是一个最成功的品牌符号。

再比如，苹果手机的LOGO就是用一个苹果符号，如果直接用一个苹果图形作为苹果手机品牌的LOGO行不行？也没问题，但是作为一个商业品牌LOGO，如果这样做至少会存在三个问题：一是辨识成本太高，因为苹果图形的符号有很多；二是传播成本太高；三是人们记住它的成本太高。

所以，LOGO设计创意要做什么？就是要解决这三个成本问题。为什么我们一直在反复地强调成本问题，是因为LOGO和其他营销创意一样，即使一个没有任何创意的LOGO图形，只要推广达到一定的频率，它也能被人们认识、被传播、被记住。只是企业所花的成本不一样而已。

所以LOGO设计的创意，主要解决的照样是被识别、被传播、被记住的成本问题，降低这个成本，让原本需要花费100元广告费用才能让消费者记住的符号，通过创意让它只要用10元钱就能被记住。这就是LOGO创意的标准。

现在我们就来具体讲讲这三条标准。

▶ 第一条是降低辨识成本

前面已经讲过了，LOGO的首要任务是信息分类，是帮助人们辨识我们的品牌，所以LOGO设计创意的第一条标准，就是看它有没有降低这个辨识的成本。

比如有的LOGO设计，你一看，图形非常有美感，但就是看半天也看不出它是个什么东西，属于什么行业，不仅看不出属于什么行业，而且连这个图形是什么也说不上来。

这种设计，辨识成本就很高，这类设计也很常见，设计师经常喜欢用一个抽象的图形，反正也很美，但就是看不出任何具体信息。所以要降低辨识成本，在做LOGO的图形设计时使用具象的图形比抽象的图形更有优势，比如苹果手机的苹果图形，你一看就是一个苹果，天猫的LOGO，你一看就能看出是一只猫。

▶ 第二条是降低传播成本

LOGO作为一个让人们辨识企业和品牌的符号，在使用的过程中必须要考虑传播成本问题。我们前面已经讲过传播的关键在于传，什么样的LOGO符号传播成本最低？

能转变成语言的符号传播成本最低。

还是拿苹果的LOGO来说，你甚至可以在电话里将它描述给别人：一个被咬过一口的苹果。对方脑海的画面里就出现了那个图形。这样的图形传播成本就最低。

反过来我们见过一些LOGO设计，它们的传播成本就特别高，你要想将它介绍给另外一个人，要费特别大劲，还不一定能表达清楚。

▶ 第三条是降低记忆成本

让人们在最短的时间内将我们的品牌记在自己脑海里，是所有品牌和产品最重要的事情。

而且大家都知道，我们对平时看到的东西，有的是可以记住的，有的是记不住的，有的是见一眼就很多年都忘不掉的，而有的是即使天天看都记不住的。

这就是我说的记忆成本，每一个图形的记忆成本都不一样，LOGO设计创意的其中一个主要标准，就是看有没有降低人们对品牌的记忆成本。

以上三点，就是判断一个LOGO设计创意的三条标准。

17　注册商标的目的不只是为了注册

商标注册的目的不是为了注册，不要让注册思维误导了商标的功能。

我们在服务客户的过程中，遇到过不少企业的商标名称很奇怪，有的是用生涩字，读都读不出来，有的是几个字在一起，读完后没有任何信息可以出现在脑海里，晦涩别扭。

还有的是商标设计很奇怪，图形复杂却看不懂任何信息，企业的辨识和传播成本都非常高。

问对方原因，对方说："为了注册能通过。"

甚至曾经有遇到过企业说："原本我们自己设计的图形是比现在更好的，但是当时找到商标注册机构注册，对方说为了提高注册成功率，就把我们的设计给改了改，最后就成这样了。"

听到这样的回答真是让我哭笑不得，我说商标注册是因为我们得到了一个好的方案，所以需要将它保护起来据为己有。现在反过来，为了去完成注册，又将方案改成什么都不是，那不成本末倒置了吗？

商标注册难是客观事实，而且越往后面越难，因为中国的常用汉字就那几千个，而现有国内的注册商标数量却早已经超过千万个了，大家都用这几千个字组合来组合去，而且不能重复，到最后只会越来越难。

商标图形设计也是一样的道理。

不管什么行业，能想到的有用的好商标早被大家想到抢着注册了，剩下一些能注册的都是一些没用的。所以你会发现现在的商标名称，很多都在三四个字以上，其中一个主要的原因就是为了通过注册。

但是注册归注册，我们一定不要被注册思维误导了创造商标的目的和商标功能。商标名称和商标设计的目的和标准，我们在前面的《LOGO设计的首要任务是信息分类》和《LOGO设计创意的三条标准》章节里面已经讨论清楚了。

商标对企业和产品来说，有它的特定功能和目的，不管名字还是设计，我们启用它，就是用它来为我们解决问题的。

好的产品名称注册不了怎么办？注册不了就不注册，直接用！产品命名不一定要注册，但必须要能直接解决问题，比如我们给格湘雅命名的"格湘雅太阳被"，"太阳被"这个名字就注册不了，但一点也不妨碍格湘雅使用这个名字的力量。

很多类似的名字都可以直接用，比如小药箱、真英雄、大苹果等，只要是有我们需要的力量，随便用。

注册是为了将它保护起来据为己有，这样的名字既然我们无法将它通过注册据为己有，那么其他人也无法将它注册下来据为己有，所以它就是一个公共资源，我们就可以随便用。

所以，品牌名称注册下来后，产品名称如果注册不了，就不用注册。

有人说那要是别人也用呢？其实根本不用怕这一点，因为谁先用就是谁的，既然你没用之前大家都不用，说明大家都没看上，等大家要跟着你用的时候，你已经将这个名字用出效果来了，那时候别人就算用也对你造成不了什么影响，因为这时候你的产品等于已经在消费者心中注册了。

企业或者品牌要占有某个名字或某句话，可以通过法律注册占有，也可以通过自己的宣传在消费者心中占有。而真正意义上的占有，其实是在消费者心中占有。

最后再举一个在消费者心中注册和占有的例子："累了困了喝红牛"这句话一开始是红牛饮料的广告语，但红牛就是只使用而没有做法律层面的保护，而当红牛不用这句话，换成了新的广告语的时候，一个叫东鹏特饮的功能饮料乘机启用了红牛那句话，变成了"累了困了喝东鹏特饮"。

而且东鹏特饮在使用中，直接放在高速户外大广告上，将"累了困了"四个字设计得足够大，反而将东鹏特饮自己的品牌名字小小地放到一个角落里去了。

在高速路边的广告牌上，司机正常扫一眼，还以为是红牛广告。因此这在我看来就不是一个好的创意，因为虽然这四个字确实非常有力量，但它早已经被红牛在消费者心中注册了，大家看到这四个字就会想到红牛，虽然看到的是东鹏特饮的广告，但每次看到都会想到红牛，我认为这就相当于东鹏特饮的广告费有一半给了红牛。

18　一切皆媒体

媒体是一切传播的载体，从一定程度上来说，企业的广告战就是媒体战。一个企业能拥有多少媒体的投放能力，就决定了这个企业有多大的传播能力。

不一定是我们花了钱在外面买来的投放渠道才叫媒体，媒体包括一切我们和我们的顾客看得到的介质，它都是一种媒体。这一节我用"一切皆媒体"作为标题，就是为了跟大家重新强调一遍对媒体的理解。

早在20世纪，广告教父奥格威就提出过品牌形象论，后来广告行业又在品牌形象论的基础上进一步提出了VIS（品牌视觉识别系统）的概念。其实我认为这就是一切皆媒体的最初理念，所以一切皆媒体的理念，也不是由我到现在才提出来的，奥格威早在20世纪就有了这种理念。

VI设计的理念，就是将企业的一切可视觉化的物料和用品都媒体化，让它们统统成为企业免费的自媒体，所到之处，无时无刻不在为企业和产品的品牌累积广告资产。

所以说有的企业总在埋怨自己广告预算太少，也就是说媒体的购买预算太少，导致了自己没有宣传的优势。我说你先不要说投放的预算了，先将自己企业免费的那些自媒体用起来再说。

比如企业员工的服装、企业办公与事物用品、企业的产品包装等，这些都是企业的免费媒体，特别是企业的产品包装设计，它其实就是企业一个最大的媒体，这个我也在《超级购买理由》的书里面专门有一个章节讨论过。

为什么说产品包装是企业最大的媒体？因为它是任何一个企业对外曝光最多的部分，你每卖出一个产品，它都相当于一份企业的广告，即使还没卖出去，它在被运输的途中，被放在超市的货架上，都是一份活广告。

你有100万份产品在市面上，就等于有100万份广告在外面传播，你说它是不是任何企业数量最多最大的广告位？关键的是，这个广告位是免费的。只要你认识到这一点，你就能将产品包装当广告用。

更关键的是，这些看似免费的企业广告媒体，它在市场消费者那里，有绝对的重复性优势。

比如我在路上可以看到你的车身广告，看到快递小哥车上你产品的包裹广告，在商超可以看到你的产品包装广告，回到办公室还可能看到其他同事将你的产品放在办公桌上……

这种多场景重复出现在我们视野范围的免费广告，它能产生广告最大的效果，它一次次在我们的印象中加强那个产品品牌印象积累，这比我们直接在电视上偶尔看到它的广告更有效。

再强调一次，这些都是免费的！也是大部分企业在浪费的广告媒体，浪费不是指他们的这些位置没有使用，而是他们没有将它看成是企业的广告位来认真设计好再去使用。

一切皆媒体的思想，是指企业要将一切能看得到的东西全部当成企业的媒体来看，将企业和产品规划好的视觉符号和购买理由全面自媒体化。从海报、产品包装，到事务用品，再到服装、建筑外观等，不遗漏一次机会地在消费者面前重复，重复，再重复。这就是宣传的原理级动作，让你的企业和产品发挥出品牌印象累积后所带来的巨大生产力。

19　企业只有创新，才有利润

在讲创新之前，我们先来理解一下什么是利润？

利润是企业家的经营成果，也是企业能持续经营、基业长青的基础。

这里我们需要特别注意一点，利润是来自创新，来自企业在自己领域创造了用不同的、更优于之前的解决方式解决了某个社会问题，而产生的收益部分。

所以不是所有企业都能创造利润，大部分行业里面的大部分企业都没有创造利润，它们赚取的只是劳务费。

这正是为什么大部分企业都不能持续经营的主要原因之一，企业没有创新就没有自己的利润，就只能赚劳务费。

赚劳务费的企业干的活，就是你能干的，人人能干，人人能干的活，你的定价就一定会无限地被迫接近于成本。直到最终无法持续。

因此，如果一家企业只是在赚取劳务费，而没有通过创新赚取利润的能力，将是这家企业的战略性错误，从一开始就已经决定了它注定要走向灭亡。

企业能创新，就等于创造了定价权，就等于没有了竞争对手，就能在一个阶段内拥有自己的利润主动权，企业就能在这个阶段内享受到创新给企业带来的回报。

为什么说是在一个阶段内呢？因为创新不是一个一劳永逸的事情，它是一项持续动作，任何创新的成果都会在一个阶段后被大家跟上来，变成前面讲的人人能干，然后重新进入到只能赚劳务费，定价无限趋向成本的情况。

这是整个人类社会循环往复的规律，从第一次工业革命，到第二次工业革命，再到后来的信息革命，每一次创新带来的革命，和它为人类社会所创造的发展动能，都只能维持一个阶段，在一个阶段后，如果没法持续地出现下一次革命性的创新，经济和发展就会停止前进，不仅会停止前进，而且必然出现倒退。

所以任何企业获得利润的方式，都必须是通过不断地创新来获取社会给创新的回报，那部分就是企业的利润，创新一旦停止，利润也会很快随之枯竭，从而让企业无法持续运营。

柯达就是这种最具代表性的例子，曾经依靠自己发明的胶卷机创造了一个时代的神话，后来也因为创新的停滞不前，而失去了持续的能力。

创新给企业带来利润，企业的利润又马上会让其他企业垂涎，所以这里我们还有另外一点需要注意，就是上面讲到创新之后企业拥有了定价权，企业在这个时候虽然有了获得高利润的能力，但我们不能追求利润最大化。而更明智的做法是应该在创新的基础上，继续保持利润最小化。

我创新了，这个产品和服务有了我们独特的优势，甚至就只有我一家有，但我不把我的利润定太高，这样大家就不会有什么兴趣来和我抢，我就能在更长一个时期内保持自己的独享状态。

而反过来，如果我们通过创新拥有了定价权后，就开始实行利润最大化，就会让大家感觉这东西太好赚钱了，利润越高，大家马上想办法同化你的决心就会越明确、坚定，速度也会越快。

而一旦一个东西的利润足够高的话，就不仅是他的同行会快速反应，而且甚至会让原本不在这个领域的投机者也都跑过来抢。

在保持我们独特优势的基础上，照样保持相对低价格，这也是我自己在哲仕公司向客户收取服务费时遵循的定价原理。以至于我们的客户都直说了，我们的一个客户，益友汽配城在与我们合作后和我说："李辉，你们的收费怎么才这么点钱？"我说："这就对了嘛，价值远高于收费，才算有价值。"

保证价值最大化是第一，第二是我们永远不把价格定高的另外一个原因就是：我们不能让自己赚的钱太容易了，钱太容易赚了对持续经营不利。

关于创新的理念，哲仕在给自己的客户服务中，也经常用到，比如安馨大厨的"煨制高汤"，K尔的"无痕纹绣"等，都是一种创新。对更多的企业来说，创新不仅仅在于产品技术层面，也包括营销概念上面的创新，两部分都相辅相成。

20 没有性价比，具有购买理由的产品都是一个萝卜一个坑，没得比

在上一节讲创新与利润时，我相信大家脑海里可能会出现另外一个词语：性价比！现在我要继续给大家强调的是：性价比是每一个企业都应该避开的词，因为它对于企业来说，就是一个自杀性的词语，你的企业一旦选择了性价比，就等于选择了一条万劫不复的价格战道路。

价格战对于绝大部分企业的结局产生的影响，我就不多说了，我觉得价格战应该翻译成"同归于尽战"更贴切一点，因为绝大部分企业只要参与价格战，都只有一个结局：不仅仅是要把同行弄"死"，更是要把自己弄"死"。

我们先来看看"性价比"这三个字的逻辑：就是我和你一样的性能比价格。

里面有两个前提：一是向消费者肯定自己和同行一样的性能，二是还得回到比价格。

所有人都知道，这两条不管是先假设自己和同行没区别还是比价格，都是一个企业营销最大的失败，没有比这更失败的了。

我曾经讲过产品的定价决定了产品能选择什么样的渠道，决定了哪些渠道愿意卖它，而产品的购买理由决定了消费者为什么要为这个定价买单。

营销的本质是向消费者提供一个购买理由。提供一个属于产品自己的购买理由，就直接区分了同行。你只要区分了同行，消费者就不存在拿你和你的同行比价格，就不存在性价比一说。

甚至顾客会自己根据购买理由反过来要求你一定要卖到与购买理由相匹配的价格。你卖便宜了还不行！

如果你还没有理解，我这里就再举一个例子：

脑白金将改善睡眠的"安眠药"产品，通过改变产品的购买理由，变身成为孝敬长辈送礼时应该买的礼品后，创造了保健品行业的销量奇迹。

在这里面，脑白金就是一个人们送礼的道具，反正大家送什么都是送，关键就在于谁能将自己的产品化身到这场送礼戏剧里面去，将自己变身成一个送礼的道具，创造不可思议的销量。

看到这里如果你还没有完全明白，那么我们就再继续来看一看当时的脑白金产品价格策略是怎样的。

脑白金在做好自己的产品定位和购买理由之后，推出市场时的标准价格是在120多元，这个120多元是个什么概念呢？我再和你另外说一个数字，就是当时市场上改善睡眠类的保健品大部分定价都是在60~80元之间。

没错，脑白金比同行贵了将近一倍的价格。

也有人说，如果脑白金当时采取九九定价策略，是不是会卖得更好？言下之意就是假如脑白金当时将价格定成99元，这个价格既比同行有更多利润，又能在消费者心中留下不贵的印象，它还不到100元，所以愿意买单的人应该会更多，销量会更好！

我说这个地方正是脑白金定价的高明之处，但是脑白金的定价思路恰恰和你想的相反：花99元买一个礼品送人，就会觉得自己很亏！为什么？因为99元实际上和花了100元没什么区别，但却给人感觉是我只送了一个还不到一百元的礼品，所以就不会买了。

这就是购买理由决定了你的定价，你定低了消费者还不同意。你必须得定到一个符合购买理由的价格上去。

哲仕一直在强调顾客买的不是产品，而是购买理由，在消费者那里，他永远只是在为自己的购买理由买单，这是任何产品营销都必须认识到的真理。

那有人会说，既然这个购买理由是基于消费者要选择一百多元的送礼心理。那么干吗不干脆把价格定到170元或者180元呢？如果这样想行不行？也不行，还是那个心理，一百多元的礼品，只要超过150元，购买的人就会觉得有点亏：我买180元的礼品，给人的感觉也是买了一个一百多元的礼品，亏了！

脑白金的定价120多元就刚刚好！这就是购买理由决定产品定价的原理。具有购买理由的产品都是一个萝卜一个坑！没有性价比，因为根本就没得比。你们给到顾客的产品性能和同行完全不同。

企业都应该避开"性价比"这个词，方法也很简单，就是两点：一是给出产品的新性能（就是购买理由）；二是不比价格，定价时不用参照任何同行，因为自从你给出购买理由后，你就已经没有了同行，你的定价唯一参考的就是消费者愿意为他的购买理由付多大的价格更合适。

21 差异化是竞争的手段，而不是目的，竞争的目的是赢得顾客

竞争的目的是赢得顾客，而不是为了差异化，经营也不是为了做得和对手不一样，更不是为了打败对手。

虽然营销在很多时候和对手做得不一样，这也是一种赢得顾客的有效方法。但企业做品牌营销的目的不要奔着差异化去，那会本末倒置，如果你将"差异化"理解为一种目的，而不是手段的时候，你就可能已经掉进了一个错误的逻辑。

讲两个差异化和竞争的例子：

第一个是A和B都卖饮料，A为了将饮料卖给顾客，跑去研究B，然后将自己饮料的味道做成和B的味道不一样，但这并不是顾客要选择A的理由。

正确做法：A要想获得顾客的选择，就要研究顾客有什么新的需求没被满足，而不在于研究如何跟B不一样。

第二个是A和B一起射箭，A能不能射准靶心，和B其实没有关系，靶心就是顾客。

正确做法：A就算把B打败了，也不能代表自己就能射准靶心了。因为B被打败了，还会有C和D的出现，从市场层面来说，B的存在实际对A是有利的。A的精力不应该放在干掉谁，而应该放在练习如何瞄准靶心的能力上面。

所以我们会看到所有领域几乎都一样，成功的品牌都不会去研究如何干掉对手，甚至在战略层面会保护对手，没有对手自己也会去培养出一个对手，因为那样才会形成市场。

　　企业竞争大多数时候的错误，都是把目的搞错了。有人问赢得顾客的本质是什么？和打败对手的目标冲突吗？抱有这种问题的人，照样还是因为没搞清目的和手段的区别。

　　企业的目的是赢得顾客，如果把目标定在打败对手上，就会让你的逻辑和动作围绕对手去开展，去研究对手，一切都会和对手息息相关，尽管你说你研究对手是为了区分对手，但也始终还是在研究对手，你研究对手越深，离顾客就越远，这就是搞错了目的。

　　拿我举过的一个青少年拓展训练机构的营销思路的例子来说（在本书"发明新药不如发明新病"一节中可阅读），如果用研究对手的思维进行，你就会研究对手的师资优势和课程优势，会在这些方面打败对手去营销。如果你用赢得顾客的思维进行，你就不会搭理对手，而是关注客户得出的营销思路。

　　打败对手与赢得顾客，差别只在毫厘之间，而得失成败失之千里之外。这就是超级购买理由的思维，超级购买理由思维不是研究对手的思维，而是研究赢得顾客的思维，打败对手只是结果，而不是目的，更多的时候是我打败了你，却和你无关。

22　创意比定位更关键

现在我们讲品牌定位与创意的关系，品牌定位是一个大家都熟悉的词语，定位可以帮助品牌和产品找到方向。但是不管什么样的定位，最终都得依靠具体的创意和设计来落地，没有具体创意技术来实现的定位，都是假定位。

一个产品从产品定位到产品设计，再从营销话语设计到品牌设计，到产品的包装和广告的传播创意设计，都属于一件事情的多个步骤，任何一个步骤技术不到位，都会让整个事情在最终效果上大打折扣。

平时总有人理所当然地觉得，战略好像比定位重要，定位又听上去比创意重要，创意又比设计重要。谈战略定位就好像比谈创意设计要高级一点。

实际上，要我来说则正好相反，我认为越往后面的环节越关键，越能考验专业人员的真本事。

如果单纯地讲战略和定位，不少的营销策划和咨询公司都会。定位是个多选题，任何一款产品，都可以将它设定成很多种定位都没问题，每一种定位都可以成功。

而关键是什么？是实现定位的那个创意，是放大创意的设计，创意要具体，设计要精准和到位，否则什么定位都没用。

所以我有时候说，如果你遇到有人只和你谈战略和定位，不谈具体如何实现，不给具体的创意方案，那样的定位则都是在耍流氓。

王老吉定位是去火的饮料很关键，但更关键的是想出"怕上火，喝王老吉"这句话的具体创意和话语技术。如果仅仅有了"去火"的定位，而没有后面"怕上火，喝王老吉"的话语创意，则"去火"的定位不一定就能实现让大家前赴后继买单的效果。

脑白金定位成礼品很成功，但更关键的是"今年过节不收礼，收礼只收脑白金"的创意。

安馨大厨定位"更鲜香的高汤"也一样，能引爆这个定位，让大家真正认可它是更鲜香的高汤，是"煨足20小时，煨制高汤更鲜香"的概念和话语创意，再加上后面的卡通设计和产品包装设计创意，最终将定位的价值清晰化、具体化地传递给了消费者。

还有仁·英雄酱酒的"一闻知真假，敢说真纯粮"，和"格湘雅太阳被，棉花还有阳光味"等，都是这样的创意。格湘雅定位更温暖更健康的儿童棉被之后，还得在名字上启用"太阳被"的命名创意，然后还得做"棉花还有阳光味"的超级购买理由创意。是这些创意的存在，才让"更温暖更健康的棉被"定位有了具体力量。

话语技术是超级购买理由的核心，也是哲仕的核心技术，无论什么样的战略与定位，都是属于话语战略，都需要话语技术来最终落地，话语技术之后呢？还得通过产品的包装设计、广告设计送到消费者面前。

产品就是购买理由本身，产品话语就是购买理由话语，产品包装设计就是将购买理由最大化呈现，广告设计就是如何传播购买理由。一环扣一环，都是同一个目标。

所以小到一款包装设计、一张海报设计，都是整个营销事件核心的关键技术，只有能真正理解战略、定位、创意和设计的关系，并且还有一手相应的手艺的人，才有可能完成一套正确的、能发挥效益的方案。

23　目标、目的、结果的区别！

企业经营，将产品做好是目标，将生意做好是目的，将品牌做好是结果。

有很多人就问，这目标、目的、结果不都差不多嘛，有什么区别？下面我们就来讲讲它们之间具体的区别。

做事情分清楚"目标"、"目的"和"结果"三者的关系，太关键了，这是确保自己对事物做出的判断和动作是否正确的前提。

不单单是经营企业，做任何事情都一样，不谈目标，忘记目的地去谈结果，不客气地说，那就是瞎扯，就是邯郸学步，根本没着道。

我做营销咨询这个工作十余年，有时候就会遇到这样一类企业客户，他们一上来就说："我们的目的是要做品牌，希望哲仕能帮助我们做好品牌！"我说，你们现在真正的目的是做好产品，做好生意，而不是做好品牌，做品牌不是目的，我们应该围绕如何把产品和生意做好想办法，这两样做好了，自然就成了品牌。

品牌是一种结果，不是目的。在我们和客户合作开始之前，我们必须先理顺这个逻辑。

这是一种很典型的目的与结果混淆，分不清产品、生意、品牌之间的关系，甚至在很多人的理解中，一说到品牌，好像要比产品和生意更有高度，觉得做品牌就要比做产品高级，这是一种非常错误的观念。因为产品其实就包括了品牌，品牌是什么？我们在本书的前面已经清晰地讲过：品牌就是产品的牌子，企业做好了产品，就有了好的品牌。

反过来，直接将注意力放到"品牌"上的企业，将品牌错误地理解为企业经营的目的，把工作理解成了"做品牌"，那就是本末倒置！这样的企业关心"品牌"超过关心产品，不仅对不起消费者，而且也不可能成为真正的品牌。

"目标"、"目的"和"结果"三者的关系，如果讲到这里大家还是比较模糊，那我再举个例子：你说今年你要赚2000万元，这是目标；因为你需要2000万元去建立一所希望学校，这是目的；学校建好后这件事情，让你得到了社会的认同和赞誉，这是结果。

　　我们做事情，首先是要围绕目的去进行，因为忘记目的就一定会跑偏，其次就是目标一定要做到位，因为目标做到位才是达到目的的前提。而结果不由我们说了算，结果由市场说了算，我们只能盯住目的，做好目标。

　　做好产品是目标，做好生意是目的，做好品牌是结果。放在企业经营上来说，就是四个字：顾客第一！

　　顾客是唯一的目的，围绕顾客第一，你就能得出结论：只有做出让顾客满意和喜欢的产品才是不可绕过的目标。

　　在为企业做创意的时候也一样，我一直在和客户强调目的思维，我们要时时刻刻牢牢盯住我们的目的，你一旦忘记了目的，做出的判断就会全是错误的。比如，广告的目的是让人行动、LOGO设计的目的是降低传播成本、包装设计的目的是销售……一切创意都要围绕目的进行，忘记目的，就是失去方向，就是失去一切，再大的创意，都是假创意。

24　真正的创意人，从不追求创意，只追求如何解决问题

创意的目的不是得到一个创意，创意人的目的也不是生产创意，而是要用创意去解决问题！

理解这句话，你就明白关键是在"解决问题"这四个字上。解决问题可能需要创意，也可能不需要创意，不需要显得很有创意就能解决的问题，如果你要去追求创意，就不是在解决问题，而是在追求表现自我，表现自己的"创意才华"，那就成了假创意。

创意人只有明白这一点，才知道怎么样去做出真正的创意。

我在商场里找洗手间的时候，就经常遇到一些假创意，有的商场，可能是为了高档和精致，商场的洗手间指示图标设计得不在3米以内都很难看清楚。

我就纳闷，指示牌的设计不是专门为找不到位置的人设计的吗？你把指示牌设计得让大家3米内才看得清，那它的功能意义

还在吗?

这还不算什么，有的设计为了创新有创意，将洗手间男女的图标，越做越抽象，有的抽象到你得站在那儿琢磨一会儿才能分清到底哪边是男洗手间，哪边是女洗手间，他让你细品他的创意，你正急着呢，你说这种情况你是不是想踹那设计师一脚?

还有更让人着急的创意，在全是中国人的商场里，把指示牌都设计成英文的，类似这样的"创意"，真是让人哭笑不得。

为什么会出现这样的设计和创意? 就是因为做创意的设计师在做创意的时候，没弄明白创意的目的是要解决什么问题，而将工作变成了他追求创意的方式，成了他追求创新和表现自我才华的方式。他甚至觉得如果用一眼就看明白的男女洗手间图标，显得太没创意了。

如果你是企业的经营者或者管理者，那就更应该让自己的企业理解这点，不能一上来就问要创新和创意，你为什么要创新和创意? 应该先问这个问题。我们是要用创意去解决什么问题? 你不知道自己工作的目的是解决什么问题，你就不可能正确地做好那个工作，创意更是如此。

所以哲仕一直强调的以目的为导向的工作方法，就是先找准问题，这样才能找到答案，对我们大部分的工作来说，问题就是答案! 问对问题是关键!

特别是广告人、创意人，客户花钱找到我们做创意，不是为了花钱来看我们卖弄自己的才华，而是要用创意为企业解决具体问题。企业遇到的问题是什么，解决这个问题是否真需要创新，是否有其他解决方式。如果客户自己不明白这一点，我们也必须有责任让客户理解。这正是一个创意人是否成熟和专业的标准之一，专业的本质就是在自己的领域引领客户认识到工作本质，从而让客户少走弯路。

还有人说，创意人要让自己的作品更有创意，更有创新，让大家感受到这份作品的创新就是一种创意，不也是在解决问题吗？我说那就是在解决他自己的问题，他把工作当作品！当展示自己创意才华的作品，而不是在解决客户的问题。凭什么客户付钱给他做这个工作，他想的是如何解决自己的问题，而不是如何解决客户的问题。

25　设计首先要好用，其次才是好看！

设计基于应用而存在，应用是设计的出发点，不为应用的设计不叫设计。

优秀的设计，首先是有用，然后是好用！有用是它能解决问题，好用是它不仅能解决问题，而且能最简单、低成本地帮助我们解决。

　　真正优秀的设计，每一个元素和动作都有明确的动机，看似毫无创意，却又是"机关算尽"，所以真正的设计师，每一个动作都是在思考解决问题，而不是在考虑美或者不美，只有那些没有真正解决方案的设计师，才会把围绕美作为设计创意的首要任务，用多余的动作和表面的雕琢技艺去掩饰自己设计方案对解决问题思考的不足。

　　对应起来，那些只会用"好不好看"和"有没有感觉"对一个设计方案进行判断和评价的企业，也是最低级的企业。之所以会这样，是因为他们缺乏对设计本质的判断能力，没有认识到设计的目的，甚至没有思考过设计需要解决的问题是什么，因此也就只剩下"好不好看、有没有感觉"这样的标准了。

　　有人说那设计必须得好看呀。好看不是设计的目的，是在有用和好用的基础上尽量做到好看和完美，设计的难度就在这里，设计师要特别注意，你多一些无谓的自恋和炫技或许就会影响到使用的价值。中看不中用，只赚吆喝不赚钱的设计其实是在浪费自己的时间和客户的资源，既折腾了自己也耽误了客户，甚至是受众。

　　前面说有用就能解决问题，比如我们设计一个连锁店的店面形象，设计师首先要考虑的就应该是这个店如何在整条街道上让大家以最快的方式看到，其次是一看就知道这店是卖什么产品或者提供什么服务的，最后还需要让大家看过后，有符号能记，能让大家下一次看到还能想起之前看过。这些都是一个店面设计需要解决的问题，我们的设计方案需要如何设计，必须围绕解决这些问题去进行。

这些问题都解决了，这个设计方案就算是一个有用的设计方案，及格了，它就能开始为我们创造价值了。

在解决了设计方案有用的基础上，我们还需要解决好用的问题；什么是好用？好用就是你这个设计能解决以上这些问题了，在这个基础上进一步考虑后面执行这套方案的时候，是否方便？成本是否最低化？比如后面复制开店时，你的设计方案材料、工艺是否容易制作和标准复制？在不同的街道和环境，不同的店面比例与结构等，是否能延伸并保持规范？

如果这些问题没有答案，甚至很明显会遇到一些在执行中会出现的情况，那这套方案最多就算有用，并不好用。它在使用过程中，会给企业留下很多问题，比如增加成本。特别是需要不断复制的方案，好用的问题必须考虑到。

这个时候我们再说回好看的问题，就是在有用和好用的前提下考虑好不好看，这才是真正的设计。我说最失败的设计方案，就是只剩下好看和有感觉，其他什么问题都没解决，甚至没思考过，那最多就算假设计。

设计师一定要分清设计和艺术的区别，设计是为他人而做，是要解决他人的具体问题，每一个设计方案，都必须带着它明确的动机和任务。而艺术是为自己而做，艺术家只需要考虑自己的感觉和表达，不需要考虑他人。

设计是一种解决问题的思维方式，人人都是设计师，只要你在思考如何解决问题，你就是一个设计师，但区别你是不是一个专业的设计师，就要看在有用、好用、好看之间找到那个最大公约数的真功夫了。这种功夫在哲仕，我将它称为手艺！手艺人的最大特征就是：把那些大家好像都能懂，但就是做不好的东西，变成现实！

方法

第二部分

01　一切创意，都从方法中推导而来

创意是推导出来的，不是从灵感中迸发出来的。

所以在哲仕，我们给客户的提案原则上是只提供一个方案，因为正确的答案只有一个。我们的这个方案是通过一整套系统行动的方法论得出来的，我经常说我们的创意是通过算法算出来的，不是碰撞出来的。

就像1+1=2一样，它的答案就是2，你要觉得2不太好，感觉用3会不会更好，那就不是靠算法了，是靠运气。

推导出来的创意，每一步都有明确的原则和标准，每一环都有清晰的动作目的和准则。

我们非常反对用灵感和碰撞做创意，因为那样首先是创意出来的时间不可控，这就是为什么很多广告公司，特别是创意人和设计师，他们做创意的方式就是深夜点一支烟，美其名曰找灵感！最后没有什么想法，就把锅甩给灵感，说没有灵感。有灵感就有创意，没灵感就没创意。

其次是用灵感做出来的创意，最多算一种个人感觉和观点，感觉这东西，每个人的感觉都不一样，一人一个感觉，没有什么依据，就算在一起的几个人感觉到一起了，这样出来的创意有没有效，靠的也是运气。

而用方法体系推导出来的创意，我们不仅能控制时间，还能控制质量，确保创意的有效性、科学性。哲仕有自己的创意方法体系，就是掌握一种创意生产流程。我们生产创意不是靠运气和感觉，而是靠方法体系。但这个方法体系的形成和完善的过程非常漫长和枯燥。

环环相扣，所有的动作都是系统动作，所有的创意都是一个创意

很多广告公司和设计公司，在做创意的时候之所以靠灵感和碰撞，都是因为他们在对工作的理解上出现了误区，一开始就错了。

比如几乎所有广告公司在公司内部，都将客户的工作拆分成几个部分，然后分配给几个部门去进行，他们会分成策略部、文案部、设计部。甚至设计部又拆分成LOGO设计师、包装设计师、物料设计师等等。

这样的工作方式，就是将工作砍碎了，各个环节当成一个独

立的工作，各自发挥自己的创意，就不可避免地导致了做LOGO
设计的设计师只管自己的LOGO有没有创意，包装设计师则只管
自己的包装美不美。各自为战，发挥灵感，天马行空，最后每个
环节都很有"创意"，但都脱离了本质，脱离了最终目标，无法
解决问题。

这就是认识决定方法，就是为什么我们在本书的第一篇和大
家讲认清营销的本质，到第二篇才是讲方法。因为我们对一件事
情，有本质的认识，就自然有方法，没有认识就没有方法，没有
方法就只能靠灵感、靠碰撞。

而在系统方法的创意生产流程中，我们就会发现，这里面所
有的动作都是系统动作，所有的工作创意其实都是一个创意。

这就是我们在前面讲过的，企业从战略定位、产品开发、品
牌命名、产品包装、广告设计等每一个工作，都环环相扣，又共
为一个工作。都是一个目标，一个共同的原则。

做产品开发时就是在思考如何开发一个购买理由，做包装创
意时就是在思考如何呈现这个购买理由，做广告话语创意时就是
在思考如何引爆这个购买理由，做广告设计时就是思考如何传播
这个购买理由……

每一步，都环环相扣，所有的动作都是系统动作，所有的创
意都是一个创意。所有的目标都是围绕一个目标。不靠灵感，只

靠方法，从为什么要做这个创意，到从哪里开始做，这个创意要去解决什么问题，解决的程度标准是什么，都清晰明确。

在系统方法的创意生产流程中，我们的工作团队中，人人都是全程参与，比如包装设计师，他必须从品牌战略部分就开始参与项目，到品牌符号、品牌话语，然后到包装设计，他知道创意怎么来的，也知道自己的工作要去到哪里，知道自己在做包装设计创意时要解决什么问题、创意任务是什么。

所以我也经常将哲仕的团队称为全能型创意生产工人，甚至以前专门写过一篇文章，叫《哲仕要做创意行业的特种兵》。在哲仕，即使是一个最普通的设计师，他也是站在战略层面思考自己的设计方案，这样做出来的创意，才是正确的创意，才不会偏离创意的本质，才能真正解决具体问题。

这样的创意，就是算法，不是灵感！

02 不会干的人干一个月不如会干的人干半个小时

我们已经理解了干一件事情，对这件事有认识就一定有方法，没有认识就没有方法，不会干，全是因为没有方法。

我经常说，任何工作都一样，不会干的人干一个月，还不如会干的人干半个小时。

不会干的人是因为他对工作都没认识，所以没方法，干的就全是错动作、废动作，看似忙了半天，其实他自己都说不清楚为什么要这么干，全白忙活。

所以不要总觉得自己很忙，很忙大多数时候都是因为你不会干。

而会干的人呢，事情一到自己手上，就能快速抓住本质，清晰干这件事的目的，一秒钟都不浪费，一出手就直奔解决问题而去。

没了废动作，也没了返工。正因为如此，所以很多时候，外行要么看不懂，要么就是以为自己看懂了，觉得没什么，其实还是没看懂。

所以，那种经常不管什么工作，到自己手上，都做得显得非常忙的人，要么就是不会做，要么就是有拖延症。说到拖延症，大家以为有拖延症的人就是该做的事情拖着放着不及时做，都应该比较闲。其实不是，有拖延症的人一般看上去都不闲，甚至他总是认为自己很忙，比别人都忙。

因为拖延症是一种心理习惯，就是总把该做的事情放着不做，而一直去想自己还有其他什么事情可以做，所以没事情的时候也搞得自己好像很忙，而有事情的时候呢，又把事情拖着，这才是拖延症患者最大的毛病。

我就经常看到这样的人，他们有严重的拖延症，却把自己整得比身边人都忙；而我自己也经常会被一些这样的朋友问："李辉，看你每天都在保持读书和写作，你是不是不管公司的事务？是不是有点不务正业了呀？"我说："瞧你这说的，好像你们每天没有读书、没有写作，就比我多做了什么工作似的。"

其实对一些要好的朋友，我有时候也会跟大家分享我的方法，我每天读书和写作利用的都是间隙时间，而我每天处理的工作，应该比大部分人都要多。我一直认为，只要将时间划分好了，再加上有一套自己的方法，就不会显得那么忙碌，你看到我不会忙碌到连看书和写作的时间都没有，是因为我对自己干的活有本质的认识，在自己的工作中减少了那些废动作和拖延的时间。

所以再回到文章前面，会干和不会干，看似是效率的区别，实际是有没有方法的区别，而方法来自哪里？来自你对工作的认识。

有的人就是认识上出了问题，又怎么可以指望他能干好，他只能一通乱打，绕弯路。这从企业成本角度来说，就是谋财，有时候也是害命，因为大部分创业型企业，在市场机会上来说，经不起绕弯路带来的成本。

特别是在专业的事情上面，大多数人一开始往往以为在这事情上少花点钱找个不会干的人来干，也只是多花点时间而已，实际上哪仅仅是多花点时间的问题。

03　怎样做品牌？

在讨论怎样做品牌之前，我们先来问一个问题：品牌是什么？

品牌这个词大家听上去感觉都很熟悉，但要真正问大家品牌是什么这个问题，却会有很多种答案。

有人说品牌就是有品质的牌子；也有人说品牌就是人人皆知的牌子；还有人说品牌就是一个消费者认可的名字。

被称为广告教父，也是提出品牌形象论的大卫奥格威说："品牌就是一种形象，一种人们脑海中的印象。"他这个观点还曾经影响了广告行业几十年。直到今天为止，还是有很多广告公司和企业对品牌的认识就是大卫奥格威说的这样。

现在我们先不急着判断这些答案，在回答品牌是什么之前，我先来和大家讲一讲另外一个问题，那就是品牌的目的是什么？

这也是哲仕公司讨论问题一向的方法，就是始终保持目的思维，干任何事情都必须先问自己一句"我们做这项工作的最终目的是什么"，以终为始！就是为了不走弯路，直接站到正确答案的路线上去下功夫，这个道理不用多说，大家想想穿越迷宫的游戏就懂了，找到正确路线最快的方法就是倒过来，从出口倒着往回走。原理就在于：一开始就清楚自己要去到哪里。

品牌的目的是什么？我们最常听到的理解有下面几种：

品牌的目的就是把产品卖出去！

品牌的目的是让产品溢价，也就是让产品卖得更贵；

品牌的目的是实现垄断；

品牌的目的就是建立自己的定价权；

……

理解一下这几种理解视角：为了把产品卖出去！这个理解肯定不正确，因为产品没有品牌的时候，也能卖出去，所以我们做品牌的目的不是为了把产品卖出去，这一条应该改成"为了卖出更多的产品"。然后加上后面几条，总结起来，品牌的目的就是为了让产品卖得更多、让产品卖得更贵、让消费者只买我一个人的产品、让产品价格没有对比性。

这些就是品牌的目的了。

现在我们回到最前面的问题，品牌是什么？品牌就是能让产品卖得更多、更贵的牌子。这就是品牌。

基于这样的目的，我们再来想怎样做品牌这件事情，企业才不会走歪路和弯路。

这样我们在做品牌创意的时候，就会有最终目的的指引，做创意时就会思考怎样才能卖更多。怎样卖更多？要么能让消费者重复购买，不仅要重复购买，还要加快重复购买的频次；要么就是让消费者不仅自己买，还要介绍不知道的人买，让更多的人来买；还有就是自己买了送给别人；这就是能让产品卖更多的路径，卖更多的创意都在这些路径里找。

再继续倒推，怎么样让消费者不仅自己买，还会介绍给更多人来买呢？你就会思考我们的广告要怎样设计才方便消费者介绍，比如哲仕为一个客户设计的"海雀"牌鱼肝油包装设计，我们就在包装上设计了一只特别显眼的大嘴海雀形象，这样做就是为了介绍时方便，即使在电话里，也能一句话告诉对方："就是那个包装瓶子上有只大大的海雀的牌子。"

怎么让消费者重复购买，怎么加大消费者重复购买的频率？比如有牙膏品牌为了加快消费者重复购买的频率，想到了加大牙膏瓶口的创意。又比如我们为"喜颜开"花胶设计的"一天一碗喜颜开！"话语，也是为了体现消费者重复购买和增大购买频率的创意。这就是解决问题的创意，都是保持最终目的思维，这种思维就是不走弯路的思维。

当然，在这些具体创意上，我们除了要基于以终为始的思维，还要有技术方法，哲仕的核心技术方法在《超级购买理由》那本书里面也已经讲过，就是认知调用技术，有的朋友在那本书上看到认知调用技术这个词后，来问我，说模模糊糊还是不太能明白。

我在这里就借机会再进一步解释一下：哲仕的认知调用技术，就是调用人们因文化形成的习惯和对这个世界的看法，相当于调动消费者的整体人生经验，嫁接到我们的广告创意里面，让对方一看就觉得说得对，一看就能行动，因为在对方看来，那都是他自己依靠经验做的判断。

哲仕为客户做品牌工作，就是基于这样一种目的思维的认知调用技术，让消费者对客户产品在自己的整体性经验下自发购买，自发传播。

04 品牌三问：我是谁？我有什么不一样？凭什么？

我是谁？

我有什么不一样？

凭什么？

这是每一个品牌在推上市场前都应该回答的三个问题！

这三个问题分别对应的就是明确品牌的品类、不同、信任状。

▶ 第一个问题：先讲品类，我是谁？

品类就是信息分类，因为消费者在产生任何需求的第一步，首先都是信息分类。

不管是逛街还是网上购物，如果想买衣服，你就会去商场的服装区，如果想买牙膏，你就会去商场的生活用品和日化区。

如果你是一款品类不清晰的产品，就会出现很多问题，首先是商场人员不知道该怎样把这款产品分类，该放在哪儿，然后是消费者不知道这是什么产品，或者知道是什么产品也不知道在什么地方可以快速找到。

品类又分大品类和细分品类：

比如你想吃美食，第一个想的一定是"吃什么"？吃火锅还是吃日本料理？吃海鲜还是吃小吃？

美食细分除了这种分法外，还有：吃中餐还是西餐？吃粤菜还是川菜？

品类越清晰，顾客越容易找到你。

在不断细分品类的过程中，会创造出许多新市场，比如饮料品类被不断细分成各种口味的饮料，然后又被细分成各种不同功能的饮料。每一次细分，都会创造出一片新的市场，也都有可能成就一个鲜明的品牌。

比如服装这个品类，一开始分男装和女装，分童装和老人装，然后继续细分的话，又会被分成运动装、休闲装、职场正装等。每一个分类都可以有产生出专门的品牌。

我们在购物过程中，也在不断地细分自己的需求，这一点在电商平台上的购物过程中就更加可视化，你买衣服前，就必须会让你选择男装还是女装，然后女装下面又会让你选择居家服还是时装，商品分类会自动带我们到具体的细分品类页面，给到我们相应类型的商品。

我们知道每细分一个品类，就会创造一片市场。但是如果一直这样不断细分下去，细分后的市场只会越来越小。

所以在做品类的细分时，我们需要依靠一个大的强势品类作为消费群体基础，在这个基础上，去开发出另外一个新的需求分类。

比如鞋子是一个一级大品类，如果细分为运动鞋，再细分为足球鞋……这样细分下去，细分之后的消费市场就会越变越小。而如果我们不想这样。就需要做到：需求细分，但市场人群不细分。

照样拿鞋子举例，在鞋子的一级大消费品类基础上，细分出一个专门的帆布鞋分类品牌，这样就做到需求的细分，而市场人群没有被细分。帆布鞋市场上的匡威品牌和回力品牌，都是这样的需求细分但市场人群不细分的成功案例。

品类清晰、品类创新，都是品牌回答"我是谁？"这个问题的必填答案。你的答案越清晰，你在市场上获得的品类力量就越大。

▶ 第二个问题：我有什么不一样？

关于品牌在讲自己有什么不一样的时候，前面专门有一节讲过永远站在购买者视角，用消费者自己的话说。

我有什么不一样，再换一个更准确的说法，应该是：我可以给到消费者哪些明确的好处？

品牌必须回答"我能给到消费者什么好处"这个问题，比如海飞丝洗发水说它去屑；霸王洗发水说它防脱发；沃尔沃汽车说它更安全；宝马汽车说它能给你更好的驾驶乐趣……都是给到消费者一个明确的好处。

回答"我有什么不一样""我可以给到消费者哪些好处"是

新品牌进入市场的第一道问答题。

要么从功能工艺上说出优势，要么从给到消费者的体验上说出好处。例如安馨大厨的"煨足20小时，煨制高汤更鲜香！"

不能说出我有什么不一样的产品，就是没有购买理由的产品，按照产品开发就是开发购买理由的理论，没有购买理由的产品就不是一个合格的产品，从一开始就没有了在市场上存活下去的基因。

有人说我们的产品和行业就是一个弱势行业，它的弱势在消费市场和消费者认知里就已经定义了这类产品没什么不一样的了，怎么办？

比如中介服务，比如水果店。

中介的性质就是把买方信息给卖方，把卖方信息给买方的服务，这个信息由谁来给，实际上信息本身没有变。水果店也一样，同样品种的一个西瓜，消费者似乎在哪儿买都是一样品种的西瓜，你说新鲜度不一样，新鲜度大家也特别容易辨别。

那这类行业和产品品牌，怎么回答我们有什么不一样这个问题呢？

从方便度上，从安全度上，比如某买卖二手车的平台，广告语就用一句"全国销量遥遥领先！"这句话提供的是什么？是安全感，是间接告诉你我就是这个领域最大的，最好的！你选择我比选择其他地方的更安全。

鲜丰水果说"不甜不要钱！"这也是给消费者安全感，虽然水果大家都差不多，它甜大家也甜，但别的水果不敢这样说，而它这样说，那大家就会倾向选择它，因为这句话让大家心理感觉选择它没风险，具备足够的鼓动力量。

▶ 第三个问题：凭什么？

凡事都讲凭什么，品牌的本质是赢得消费者信任，消费者凭什么信任你？在本书最开始时就讲过：凭承诺！凭见证！凭信任状！

有的企业经常把"有什么好处"和"凭什么"这两个问题搞反，你问他凭什么的时候，他跟你返回去说他有什么好处。

可是你说你有什么好处，又回到消费者凭什么信任你？

品牌获得消费者信任的途径有下面几种：

一是承诺，承诺是品牌的本质！可以说没有承诺就称不上品牌。敢承诺，就是获得信任的第一步。"不甜不要钱""7天无理由退换货"，都是承诺，品牌的承诺是获取消费者信任的第一种。

二是见证，见证就是不仅有承诺，而且要把自己兑现的承诺再次放出来让大家看到，让消费者见证说到做到的承诺。例如，成功案例、以往的成绩和故事。

三是信任状，其实前面一二点都是属于信任状的其中之一，所以这里专门讲的信任状，是指由第三方颁发的一些背书性的信任状。比如某种权威的行业认证、第三方的评级和评奖等。

还有一些隐性的信任状，比如普通人都有从众心理，这种从众心理就来自一种"这么多人都选择，肯定不会差"的心理。比如，看到一家餐厅吃饭排队的人多，就倾向于相信这家餐厅的菜品或者服务应该不错。

品牌给到消费者的信任是立体的，可能是态度性的，也可能是间接性的，但有一点，它肯定不是理论性和辩论性的。这里提醒大家：消费者最不需要的就是辩论。

最后大家对照一下，自己的企业在创建品牌时，是否问过自己这三个问题，这三个问题的答案是否清晰？

如果你的答案是否定的，那么你就需要好好地在这三个问题上做一些思考，它会帮助你少走一段弯路。

05 广告的原理级策略：议题设计

　　美国著名传播学家麦克斯威尔·麦克姆斯在大众传播学里面提出过一个理论叫"议程设置"理论。他发现：新闻往往不能决定人们对某一事件或意见的具体看法，但可以通过提供信息和安排相关的议题来有效地左右人们关注哪些事实和意见及他们谈论的先后顺序。新闻可能无法影响人们怎么想，却可以影响人们想什么。

　　放在广告领域，这个理论也同样有效，广告从来就不直接改变消费者的看法，更不企图直接说服消费者，而是通过选择设计议程或者是议题，去影响消费者的关注点。

　　比如，在当年的王老吉和加多宝"红罐之争"过程中，加多宝就使用了这一策略，在被迫放弃"王老吉"商标之后的加多宝集团，为了向消费者宣布自己就是之前的"王老吉"，在广告宣传策略上，先后打出了"红罐凉茶更名加多宝"和"没有加多宝就没有红罐凉茶"的话语。

　　没想到王老吉的商标持有者广药集团果然马上掉进了加多宝

设计的这一议程设计策略陷阱，开始在自己的广告上说"王老吉从未更名，任何宣传红罐凉茶更名的信息都是虚假广告"。

这样一来，立马就让所有消费者都关注了这个事件，而最终"红罐"到底属于谁，他们的知识产权纠纷法院到底怎么判，一点都不重要了。重要的是，加多宝已经成功地让所有人关注到了这件事情。只要大家注意到了加多宝被迫放弃"红罐"这个信息，加多宝其实就已经胜利了。

在广告策略里面，议程设计的应用不应该局限于类似加多宝和王老吉的这种特殊之争里面，而应该应用于所有广告。

我们将"议程设计"稍微改一下，叫作"议题设计"。广告信息的本质就是向消费者提出一个议题，让消费者进入自己设计的议题里。

比如哲仕为同仁堂儿童药初期设计的"宝宝小药箱，北京同仁堂"创意，就是一句话将北京同仁堂品牌推上了儿童药的擂台。本来在这之前，大家对儿童药市场的认知，根本没有北京同仁堂这个角色。现在通过"宝宝小药箱"的设计，北京同仁堂不仅直接成为儿童药市场选手，而且同时也通过议程设置改变了消费者的选择流程。

将消费者原本的"小孩咳嗽了——选择止咳药——选择品牌"这个过程变成了"小孩咳嗽了——想到北京同仁堂的宝宝小

药箱——选择北京同仁堂儿童咳液"。

不管是议程设置，还是议题设计，都是广告创意的关键手段，企业在做广告策略时一定要注意的是，不能只做答题者，不能消费者关注什么就在广告上宣传解答什么，更不能竞争对手提出什么，我们就响应什么。

而是要做自己行业的议题设计者，要设计出新的题目，要引导和改变消费者、同行，让他们进入我们设计的议题里面来，我们的广告永远都是在引导自己的顾客关注和讨论对我们最有利的话题。而对于不是我们自己设计的议题，即使不回答我们就会受到损失，也一定要坚持不回答，因为很简单，不回答会受到损失，回答了则会受到更大的损失。

比如农夫山泉品牌，在饮用水行业一直主打的是天然水，因此它曾经也使用过议题策略，做出过"弱碱性水"和"从不使用城市自来水"的广告议题设计，直接剑指以自来水过滤为工艺的纯净水品牌：怡宝和娃哈哈等企业。但是后者没有理他，因为他们知道这就是对方设计的议题，自己只要响应，不管结果如何，都是在为对方做助攻。

记住，答题者永远被出题者影响。

06　不要响应竞争对手

不要响应竞争对手，不要掉进对手的议程设置陷阱，不管他讲的再不对，也不要去响应他！我之所以要专门将这作为一个题目来强调，是因为我们大部分企业都存在被竞争对手调动的情况，看着很多企业都是睁着眼睛往对手给自己挖的坑里跳。

就在我写这个题目的前两周，我们的一个客户——格湘雅的梁总和我说，有一个同行在市场上恶意诋毁格湘雅品牌，说格湘雅没有自己的工厂，问我应该怎样回应这种诋毁。我说千万不要理会对方，格湘雅的江苏和新疆两个数万平方米的工厂在那儿放着呢，让他说，他一个人说着没人理会之后，自己就会无趣地散去。而如果你一回应，就掉进了对方给你设定的陷阱。

这用《孙子兵法》里面的话来讲，就是致敌而不致于敌，永远不要跟着对手的节奏起舞。你只要跟上了敌人的节奏，从你响应的那一刻起，不管结果如何，你都已经输了。这就是一种敌人设计的议程设置陷阱。此时此刻，我们在人们面前讨论什么，不能由敌人说了算。同行恶意诋毁格湘雅品牌没有自己工厂这一事件，本来就是同行的一种恶意的、无中生有的攻击，对方就是等着响应，一旦格湘雅响应它，就会在市场上掀起一场"格湘雅到底有没有工厂"的争议。大部分普通消费者可没有时间弄明白事情的真相，他们就会跟着进入到一种格湘雅有没有工厂的未知结论中。本来格湘雅就是有自己的工厂，消费者也都没有质疑过这个问题，而一旦从你回应对方开始，进入争论状态，就等于掉进了对方的陷阱。

那该怎样应对？忽视它！面对敌人恶意的议程设置陷阱，最有效的方法就是忽视它。我们忽视它，它就会无趣地散去，我们响应它，就等于是在帮助它传播。本来它在那么小范围内散播的信息没多少人知道，只要一回应，一下就让爱凑热闹的人都知道了，对方的目的就达到了。

这种竞争中的议程设置陷阱，我们在前面也讲到过王老吉和加多宝之间的那场红罐之争，都是典型的议程设置陷阱案例，王老吉就中了加多宝设置的陷阱，无论怎样，都是加多宝赢。

不要响应竞争对手！不仅对手的恶意攻击不能响应，对手的竞争政策我们也不能响应。

在市场上，如果你轻易响应对手的动作和竞争政策，实际就等于在向消费者发出一个信号：我在受对方影响，在跟着对方走。也等于是间接地在告诉消费者，对方才是这个行业的老大。无形中，你们和对方的互动，就成了给对方做的一种广告。

优秀的品牌对外传播，都有自己的议程设置计划，永远让消费者关注我们让他们关注的话题，让同行讨论我们让他们讨论的话题，以此让品牌时刻处于对自己最有利的议题之中。

07　宝宝小药箱，北京同仁堂

2019年初，北京同仁堂科技公司OTC部同事找到哲仕，向哲仕介绍了OTC部的产品业务情况。

当时北京同仁堂OTC部分的产品主要分为儿药产品和国药精品系列，而其中像以六味地黄丸为代表的国药精品系列，前期依靠北京同仁堂在大家心目中国药老字号的品牌背书，比较顺利地在市场中取得了不错的成绩。反而是一直被公司寄予厚望、也是当前OTC市场潜力最大的儿药系列，却在市场上遭到了重重阻力，一直没有获得该有的表现。

在一开始的工作对接中，大家就已经对工作课题和任务非常明确，就是希望我们哲仕来帮助打开北京同仁堂儿童药产品系列的市场。

哲仕认为，没有最好的战略，只有最适合你的战略，同仁堂儿童药品类要明确战略目标，就需要找到症结所在，为此，哲仕工作组在与北京同仁堂儿药品类负责工作组的同事深入沟通的基础上，对儿童药市场进行了大量的调研，并从中找出了北京同仁堂儿药品类目前所面临的最大问题：市场认知度几乎为0。

北京同仁堂品牌虽然作为一个医药行业的著名老字号，但普通消费者对北京同仁堂的品牌印象，就是中药。从这一点来看，也刚好印证了北京同仁堂国药精品系列一出来就在市场上表现不错的情况。

而作为儿童药，工作组在同仁堂儿童药的终端市场调研结果中发现，消费者对于同仁堂儿童药的市场认知度不到1%，我们让终端消费者写下自己知道的儿童药品牌时，几乎没有人能写出北京同仁堂。

想要消费者购买你的产品，需要让消费者知道这个产品，这是第一步，而同仁堂儿童药品类目前面临的情况是，绝大部分的消费者都不知道北京同仁堂有儿药系列产品，消费者在购买儿童药时，首先想到的是美林、葵花、三九等品牌。

这就是为什么北京同仁堂儿童药在此之前所有的广告创意都似乎得不到该有的响应的原因，因为在这之前，北京同仁堂儿童药的广告创意和国药精品系列的创意是保持统一的，全部是在围绕"中成药更有效"的创意进行推广。

广告是在强调"中成药更有效"，消费者都不知道你是做儿童药的，广告也就成了牛头不对马嘴。

我们经常说发现问题是解决问题的第一步，也是最关键的一步。北京同仁堂儿童药的问题就是大家根本不知道你是做儿童药的。也就是在选择之前，根本没有将你列入选择范畴。

将北京同仁堂儿童药列入儿童药选择的选项，让它成为儿童药市场擂台的选手，就成为北京同仁堂儿童药品类当前的核心战略和目标。

基于同仁堂儿药所面临的情况，哲仕为同仁堂儿童药品类规划了打开当前市场的突围之路。

一、创建北京同仁堂儿童药产品的超级话语"宝宝小药箱，北京同仁堂"，一句话让同仁堂儿童药品类登上儿药市场的擂台！

人们往往只记得本来就存在于脑海中的认知，人们往往只会辨识他们本来就已经认识的东西。

占领一个文化认知，你就相当于占领这个文化所代表的所有财富！

"宝宝小药箱，北京同仁堂"这句话的原力在于：

1.调用并占住"宝宝"与"小药箱"这两个词，直接将"宝宝小药箱"植入北京同仁堂品牌。从此将"北京同仁堂儿童药=宝宝小药箱"的认知牢牢钉在妈妈们心智中。

2."药箱"传达的信息：同仁堂不是只做一款儿童药，而是在耕耘整个儿童药品类。

3.充分利用北京同仁堂的著名老字号品牌历史资产优势，强化同仁堂中成药儿童药优势，北京同仁堂三百多年对制好药的坚持为品牌资产带来信誉度，给消费者带来最强的购买信心。

4.广告语就是一句迅速在消费者脑海中建立品牌认知的话语，药箱就是一个具象的，人人都能在宝宝生病第一时间联想起的词语。"宝宝"是一个口头语，相比"儿童"更具有亲和力和传播力，"宝宝小药箱"直接展示出北京同仁堂儿童药品类齐全的品牌认知。

二、挖掘品牌底蕴，借助同仁堂在"中成药"领域的金字招牌提高其在儿药市场知名度

在消费者调研中，哲仕工作组还发现，孩子生病时，60%的家长倾向于选择中成药，在中国妈妈心中，"中药=副作用小=对宝宝伤害最小=更安全"的观念具有非常大的市场，这也是大部分妈妈们固有的认知，所以妈妈在给宝宝用药时，更倾向于购买中成药。

而这也是北京同仁堂儿童药的极大优势，北京同仁堂在所有中国人心智中就是中药的第一代表，是中药世家的象征。"宝宝小药箱，北京同仁堂"，北京同仁堂以同仁堂百年品牌资产为儿童药背书，我们不仅是儿童药，还是安全、可靠、放心、有信誉保证的儿童药。

"宝宝小药箱"使北京同仁堂儿童药品类在消费者心中建立认知，"北京同仁堂"就是同仁堂品牌百年老字号品牌的优势背书在儿童药市场认知中占据优势位置。

三、确立"以点带面"销售战略，打造拳头产品

北京同仁堂目前需要做的是建立市场品类认知，而为北京同仁堂儿童药正名，就是在最具代表性的分类中建立儿童用药认知。想要进行同仁堂儿童药的品类认知推广，就需要在消费者最常使用的儿童药品分类中钉上一颗钉子，占据儿童用药认知，在市场上示明儿童药身份。

北京同仁堂儿童药系列当时有19款产品，而同仁堂儿童用药品类发展时间较短，品牌在当前阶段想要打开局面就必须集中力量，没办法一口气全面冲入市场，那就把力量集中起来，先破出一个缺口，再逐渐渗透进去，通过1~2款拳头产品最终带动整个

同仁堂儿药产品线的发展。

最终通过市场调研以及结合同仁堂儿药系列实际销售情况，选定以儿童咳液、小儿感冒颗粒作为同仁堂儿童药品类的拳头产品。

为什么选择这两款？首先，通过对儿童疾病病种的调研分析发现，儿童用药大多集中于常见疾病领域，其中患病率最高的是呼吸系统，在0—4岁儿童患病中，呼吸系统疾病占据了疾病比例的79.80%，在5—14岁儿童中也占据了73.94%。

中国公立医疗机构终端中成药儿科用药中，前10种药品中有4种药物用于儿童止咳祛痰，有3种药物用于治疗儿童感冒。中国城市零售药店终端中成药儿科用药中，有5种药物用于治疗儿童止咳祛痰，有2种药物用于治疗儿童感冒。

四、围绕超级购买理由，建立传播的话语体系

"宝宝小药箱，北京同仁堂"是为整个同仁堂儿童药品类服务的，而针对拳头产品的传播，则同样需要根植于文化母体，调用已有认知，打造属于同仁堂儿药具体产品的话语体系，为具体的产品服务。

儿童药选择的关键不在于药效真相，而在于妈妈们做选择时

的迷茫状态；儿童药品购买过程中最本质的问题是妈妈们的选择认知问题。

我们用一句让人不用思考的顺口溜话语作为宣传语，在妈妈需要选择时直接给出行动指令，就像在迷茫时的一盏指路明灯，让人不需思考地行动，话语体系，就是超级购买理由设计。

"小感冒，大烦恼，同仁堂少不了"

口水歌式的句式结构表达，让人不需要经过思考地选择相信，并跟随行动，"小感冒"（宝宝感冒），"大烦恼"（妈妈烦恼），一语双关地表达了儿童生病中的情景，同时发出"同仁堂少不了"的行动指令，完成一次场景式的问答。

一句顺口溜式的话语让人不自觉地念出来、记在脑中，并在对应的场景中被触发，形成二次传播。

"小感冒，大烦恼，同仁堂少不了"这就是一句让人不需思考地产生行动的话语，更关键的是这一句式还能延展到所有产品上，比如：

"小咳嗽，大烦恼，同仁堂少不了"
"小咽炎，大烦恼，同仁堂少不了"

使所有北京同仁堂儿童药产品都能围绕一句话来进行传播，

以一个口号，贯穿整个儿童药品牌，在所有广告中形成品牌资产积累，这样我们在其中任何一款产品上投入的广告费用，都能在以后的全部产品中产生效果。

08　时刻保持现场思维，时刻算好创意时差

创意时差，是哲仕在内部做创意讨论时经常强调的一个词，也是我们自己创造的一个词语。

这个词是什么意思呢？就是我们做任何广告和设计创意的时候，都要考虑一个广告受众理解上的时差问题。因为广告给消费者的时间通常只有两秒钟，好的创意，是要做到消费者在看到的两秒内就能直接接收到指令信号。

不要觉得看完广告消费者会用时间去思考，那都是一厢情愿，即使遇到一些消费者想思考一下，他的视线从你的广告和产品上挪开的下一秒，其他的产品广告也会迅速进入他的视线。

我们只有两秒机会，不管是消费者在超市看产品，还是在电视上看广告，又或者是在公路上看路边的广告信息。两秒就是真相。

创意的时差问题，实际上是来自另外一个词，叫现场思维。你的创意之所以存在消费者理解上的时差，是因为设计师在做创意时没有考虑到自己的创意实际投放到现场时的情形。

我一直强调，设计师一定要站到现场去观察怎么样做创意和设计，因为即使同样一张海报设计，也需要放在不同的现场，做不同的设计，一百个不同的现场就需要一百个不同的设计。

很多企业，还在玩"一张海报用到底"的搬家游戏，在杂志上用的海报广告设计，展会时改改尺寸接着用，产品画册上的广告设计，户外广告时也一样投放。他不知道广告投放的现场一变，其他就全会改变，同样的信息在不同的场景下，人们接收的方式也不一样。

因此，设计方案一定不能停留在电脑屏幕上的查看，不管是LOGO、产品包装还是广告设计，如果你的设计师是在用同一张美美的效果图和你确认设计方案，那么你一定要小心了。因为接下来你的产品和广告，它们不是出现在屏幕上，而是在商超里，它不是单独地在聚光灯下，而是在琳琅满目的货架上，它不是单独出现在消费者面前，而是和众多的其他竞争对手的产品并排出现。

我们要去观察现场的环境，去观察现场的人是流动的，还是停下来的，是远距离观看，还是近距离观看。我经常和哲仕的同事说，最好的方式就是去现场感受消费者怎么走，自己去走一次，从哪个方向来、到哪个地方会停留等都要记录下来，我们的设计不是独立的，我们要将它当成是现场的一部分，为现场量身设计，这样的设计才能在现场真正物尽其才，才能真正发挥出最大的力量。

创意时差是一项创意原则，其中的理念就是我们的创意在思考抢消费者之前，要先思考抢时间，即具体场景下消费者能给到我们的时间有多少。

曾经我们的一个客户——一博环保公司，他们拿着展览现场的设计方案问我，说展位墙面上的创意怎样做好，我说不用想太多，把公司的LOGO和广告语放最大就好了，其他想表达的信息，都做到品牌手册或者产品手册里去，放到洽谈桌面就好了。

展会就是一个典型的抢时间现场，对于现场逛展的人来说，首先搜寻的并不是详细的信息，而是看招牌和第一信息，所以展位首要考虑的是如何以最快的方式让大家发现，至于其他的信息，有意向的人自然会去桌面获取。

最后送大家一句话：任何时候都不要跟消费者玩绕弯子、捉迷藏的创意，因为你到现场去就会尴尬地发现，人家根本没时间跟你玩。

09　广告语要么给结论，要么下指令

法国社会思想家福柯说："话语即权力。"

我第一次看到他这句话，立马就想到了自己曾经在《超级购买理由》的书里面说过的一句话："广告即管理。"广告学就是其中一门话语学，企业做广告最终的本质，不像很多人说的是沟通，也不是宣传，而是管理消费者。

但是我曾经站在广告领域只将话语理解到管理的层面，而福柯将话语理解到了权力的层面，他的理解更加接近本质。话语就是权力，就是一种巨大的力量，它能驾驭人类，能控制人的思维和行动。

控制人的思维，是因为人类通过话语认识世界；控制人的行动，是因为话语具备召唤力；人们通过话语判断一切，按照话语行动。

话语的权力，不仅仅在广告学、传播学和商业领域发挥着它的力量，或者说广告学对话语权力的应用价值，相对话语学的功

力来说，仅仅是里面的冰山一角微乎其微的一部分，广告学就像是话语学的幼儿园。话语学的力量在政治和宗教上被广泛使用。

关于话语即权力的课题，要讲起来就太庞大了，我们暂时不进行太深的讨论。现在我们回到广告话语学，具体讲一讲广告话语应该怎样做。

广告话语，又分为企业文化、品牌战略、产品命名、广告语多个部分。每一个部分都可以是一套完整的话语体系。

基于广告即管理的目的，想要广告语对人们产生更有效的管理效果，企业的广告语要么用陈述句给结论，要么用行动句下指令！

为什么呢？因为给结论是直接帮助对方判断，广告与行动之间，跟结论的对错无关，跟你能否获得一个结论有关；下指令就更简单，跳过结论，直接行动，直接告诉对方应该怎样去做。

相对来说，行动句又比陈述句更有力量，因为陈述句你听完后，只是得到一个结论，我们得到一个结论后，还有两种选择，可以根据结论采取对应的行动，也可以是结束，就是我知道就完了。但是行动句都是开始，听到一个行动句就是一个开始，听完就意味着我要去做，不然就好像还没完成。

那大家为什么会按照话语行动？前面说过，因为人类通过词语认识世界，有了词语才有了世界，举个例子，当你听到"旧社会"这个词的时候，你想到的是什么？听到"新时代"的时候，你想到的又是什么？就是两个词，它就直接帮助你做了判断，做了选择！直接告诉了你该怎样行动。

这两个词都是名词，名词直接帮你定义世界，帮你给出结论，如果前面再加上一个行动词，那就力量更大，比如"打倒旧社会""拥抱新时代"，这样就拥有了召唤的力量。这种力量比任何一种力量都强大。

10　理性领域给结论，感性领域下指令

上一节我们讲过广告语要么给结论，要么下指令！直接给结论和直接下指令，这两种方法都是企业广告语创意的精髓，也是大家可以直接拿来就用的基本准则。

这里有一个需要区分和注意的就是，两种方法也有各自对应的领域：理性消费领域的广告语适合直接给出结论，感性消费领域的广告语适合直接下达行动指令。

因为感性消费通常是即兴消费，即兴消费的唯一逻辑就是不

需要什么逻辑，所以哲仕一直和快消品领域的客户强调：快消品的广告创意原则就是鼓动，鼓动尝试就是最大的创意。快消品品牌从命名到购买理由、广告话语，再到包装设计，都应该围绕鼓动尝试去进行。

不管是买一份零食还是买一盒牙膏，又或者是选一个餐厅还是选一个旅游计划，消费者不需要你跟他分析什么利弊，因为你不是让他们买一套房子或者做一份投资计划，所做的决定很小，不需要考虑很多，实际上大家心理也根本没准备要思考那么多。

所以我们的广告只管鼓动就行，而鼓动最好的方式就是直接下达行动指令，让他们按照你说的去做就行了。

但直接下指令的鼓动性广告，它也只对感性消费的领域有效，而对于一些理性类的选择领域，就不太适合直接下指令。因为理性选择领域的选择逻辑需要判断依据。先不说那个依据是否100%准确，但必须要给到对方一个依据，要帮助对方做判断。

因此理性选择领域的广告话语创意应该直接给结论，直接下断言，定义自己。所谓定位，就是占领一个词，占领一个词，就是在消费者心中占领一种认识。

现在市面上很多优秀的企业用的就是这种方式，比如"某领域某类型专家"，那个某类型，就是你要占领的一个词语，我们不去说这种表达方式的准确性，仅从广告的目的来说，它就是一种非常有效的方法。因为就像上一节我们讲的，话语即权力，你一旦占领了那个词语，就等于拥有那个词语的巨大权力，企业就会走上自己品牌的高速公路。

直接下断言，然后重复，企业怎么让大家认识你、对你熟悉？就是你要不断地重复，重复，再重复，别去研究怎么说，也不需要去论证。有一句话叫作：不管什么话，重复一万遍它就成了真理。

下结论，是一个品牌定位的基础动作，就是要在消费者脑海中让自己与那个结论画上等号，要让消费者一想到那个结论就想到我，一想到我就想到那个结论。而那个结论是什么，就是对方的选择依据。

关于重复，我们以前讲过很多次了，在这里还是要多插几句。大家都喜欢讲品牌知名度，而我认为知名度从词语上来说就不太准确，应该把它改为"品牌熟悉度"！因为品牌其实没有知名一说，或者准确点来说，知名没用，你仅仅知道一次这个牌子的名字没用，要想品牌进入消费者思考范畴，一定要达到熟悉的程度。

就像我们的一个长期服务的客户，一博环保的谢总和我说他们今年准备把上海环保展大门口最大的广告位拿下来投放一博的品牌广告，问我怎么样？我说很好，但前提是要么别做，要做就要至少做5年以上的投放计划。因为你在那个位置上仅仅投一届，下一届你就不投了，那就等于今年的也白投了。

谢总说他就是这么计划的！我说那就投！

广告的原理就是这样，我看你一次，可能知道你了，但我对你还不熟悉，你在我这儿就无法产生力量，就算我去年刚好留意看到了你的广告，而今年就见不到了，那不仅无法对品牌产生该有的广告效应，甚至还有可能会产生负面信息：你是不是不在了，倒闭了？

如果广告的投放，一旦在消费者视野内形成重复，它所产生的力量将会在品牌真正与消费者见面的那一刻，一次性兑现出来。可能前面三年、五年我也没有太留意你的广告，但等我终于有这个需求找来这些服务商对比的时候，看到你的资料，或者是你们公司的人，我就会在脑海里一下调动出以往数年来你的广告在我心中形成的熟悉感和信任感！这就是品牌广告给对方建立的"熟悉度"。

11 不要脱俗，要入市随俗

广告创意不要"怕俗"！更不要"避俗"！

很多设计师做广告创意和设计的时候，经常有"避俗"的取向，不愿意让自己的设计方案看上去太通俗，这已经是一个行业通病了，但作为企业来说，如果你也跟着喊着要"脱俗"，那就更危险了。

在创意要不要脱俗之前，我们先来看看什么是"俗"？

俗，汉字字义里面有三层含义：一是风俗；二是大众的、通行的、习见的；三是趣味不高的。

我们经常遇到一些人在评价一份广告创意或者设计时说："有点俗，能不能脱俗一点？"其实主要是指他觉得创意表达方式太常见、太直白、太大众了。

广告创意太直白了，让大家一看就明白了，他就觉得不够创新，所以要改，听起来是不是一种特别奇怪的逻辑？

我们做广告的目的不就是要让大家一看就明白吗？你要脱俗，就是不想让人人都一看就明白，想要追求那种我就是和大部分人不一样的情怀，就是要小众品味，脱离大众审美了，他就觉得高级了。

他不知道"脱俗"就是脱离大众，脱离大众就是脱离市场。

大部分行业的广告创意，我们不仅不能去脱俗，而且还应该尽量地去随俗，除非你本身就是特别小众的产品和特别小众的定位，你不想做规模，不想做大市场。

随俗也是哲仕方法的基本原理，随俗是随风俗，随文化，你的广告能随俗，就相当于能获得主流大市场的共鸣，就能做出规模性。

不要觉得"俗"代表低级，"俗"就是普通人的习俗规律，人都是口是心非的动物，我们都很俗，并且逃脱不了俗。人俗到都会理所当然地只认自己的习惯和逻辑；俗到每天喜欢吃的零食或者用的牙膏，只要和别人讨论到这东西的包装怎么样的时候，他会突然回过神来说：其实有点俗；俗到他说脑白金的广告太俗了，而进到超市想到给长辈买点什么的时候，第一个想到的还是脑白金。

俗就是人们自然地那样认为，而且人人都一样那样认为。大家不想要"俗"的根本原因还在于觉得俗就是低级，而要我说，这么想的人都是因为心理不自信。

比如，有些人觉得某个颜色俗。颜色本身就没有俗和雅之分，还是自己心理的问题。同样是红色，红色档次低还是档次高？有人觉得红色档次低，但很多高档的场合都用红色，也没人觉得不合适。

有人就觉得红色俗！就因为红色在中国是喜欢人数最多的颜色了，几乎没有人不喜欢红色。正是因为这样，他觉得是大家都喜欢的颜色，太俗了！所以自己的产品或者广告不能用，一定要选一个只有少部分人能品味和喜欢的颜色，觉得那样更能体现出自己的独特品位。你说这种逻辑放在商业上，是不是基本和作死差不多？

关于要不要"脱俗"，我们暂时只讲这么多，希望能给大家在判断创意时有一点启示。

12　不要内涵，要直言

在讨论完广告创意，不要脱俗，要入市随俗后，我们现在接着讲另外一个做创意需要注意的问题。

在做创意时，不要追求内涵，要直接解决问题，不然就违背了前面章节里讲的创意时差问题，同时这也是一个哲仕强调的目的思维。

因为创意的目的不是为了追求内涵，企业经营的目的更不是为了追求内涵。创意的每一个动机，都是要解决具体的问题，有着具体的任务。

照样讲一个例子，还是拿我们给格湘雅公司命名的"格湘雅太阳被"讲，当时在讨论产品名称时，客户一开始是问我直接用原来的"格湘雅"行不行？并同时给我讲了当时取格湘雅这个名字的"内涵"，说其中的"格"字代表的是格调，"雅"就是高雅的含义，但是后来格雅这个名字注册不了，所以中间加了个"湘"字，这个湘字是自己女儿名字里的一个字，也是代表像水一样柔软舒适的含义，客户说："格湘雅的意思就是格调舒适高雅，做棉被产品很合适。"

我说这个名字不行，成本太高了，这个内涵大家理解不了。我们要重新想一个名字。客户又说还是希望我们能保留格湘雅三个字，因为公司用这三个字已经19年了，很多渠道商都对这三个字有感情了。

于是后面才有了现在我们看到的，在格湘雅后面加了"太阳被"三个字，变成了"格湘雅太阳被"，以及有了后面的"格湘雅太阳被，棉花还有阳光味"的超级购买理由话语。

我们要追求的不是内涵，而是创意应该要解决的问题，这才是创意的商业价值。关于"太阳被"三个字的创意价值，我们在前面的章节里面有专门讲过，这里就不重复了。

在创意上追求内涵，是大多数企业正在犯的错误，类似的错误还有：不管是产品命名还是LOGO设计、包装设计，总是会在判断一个方案时说"内涵不够"。生怕太直白了让人觉得自己是个没品位的品牌；品牌命名时要求有内涵，LOGO图形设计时要求有内涵、有意境，让大家去细品，但企业家不知道，如果自己不解释，根本没人能品出来。

有些企业追求内涵的逻辑就是要把自己的含义藏一藏，不愿意最直白地表达出来，希望让消费者绕一个弯子来感受藏在背后的含义，他们觉得直接表达出来的信息就没了内涵，甚至觉得那样就没了创意。在我看来，这样的想法放在广告上来说简直就是有毛病。

反而是一些真正懂内涵的企业，他们就明白广告最大的内涵就是直言，用最直接的大白话、大家都能听明白的话，就是最大的内涵。

比如小米、苹果、娃哈哈、爽歪歪……这些企业都是懂广告内涵的高手企业。

高手一出手，大家全都懂，这就叫真正的内涵。

内涵不是故作高深，让大家绕着弯子去品你的含义，而是不管你是谁，我一说你就懂。这样才是最低成本达到目的，才是真正的内涵。

为什么说是最低成本？前面我们也讲过，任何广告创意，不管是从投放角度来说，还是从消费者接收的角度来说，都有一个直接的成本问题必须考虑，一个5秒说完的信息，你如果绕弯子做成了10秒，最直接的就是电视台的投放费用要贵一倍，然后是完整观看率，假如5秒的广告10个人里面能有9个人看完，那10秒的广告就可能最多只有5个人能看完了。这个完整观看率现在大家应该都比较了解了，和现在抖音短视频都在讲的"完播率"是一个意思。

关于创意的内涵，实际上企业所有的创意环节都有可能存在同样的问题，大家需要自己去逐一注意。

13 要强势，不要装饰

在条件反射那一章里面我们讲到过"规模决定信号的强度"。

现在我们具体来讲一讲我们的品牌在做自己的视觉规划时，

对强势的要求到底有多重要。

同样的产品，放一个和堆成一个大堆头，对你的刺激性是完全不一样的，它们的区别不仅仅在于谁会被先发现以及引起消费者的注意，还在于同样两个情况都是被发现的前提下，谁会对消费者产生无形的心理作用，这就是强势的原理，这种原理已经被很多产品所掌握。

但这一节，我们讲强势，不讲陈列上的强势，而是讲一讲品牌在品牌设计这个环节，不能绕过的视觉上的强势。这种强势原则，不仅要体现在产品陈列上，更要贯穿到我们品牌和产品营销的方方面面，包括LOGO设计、战略图形、包装设计、广告设计等等。

产品堆头能对你产生无形的心理作用。这种心理作用再具体一点，就是强制性。它在潜意识层面具有强制你行动的力量。什么是大力量，我这里给大家一个最简单的定义：就是将简单的东西做出规模感，规模感就是一种巨大的力量。产品堆头的原理就是将一个简单的产品堆出了规模感，信号瞬间就强了无数倍。

这种效果，在我们看阅兵的时候就特别好理解，一个简单的正步走，通过整齐的复制成有一定规模方阵后，给到我们的就是一种巨大的力量。一个人踢正步感染不到你，一千人整齐地在你面前踢正步，就能强制性感染你。

如果将这种原理放在设计上面，也特别简单。比如我们将产品的LOGO或者其他的品牌视觉符号在包装和广告中放大或者用矩阵视觉呈现，这样做都会在一定程度上对消费者形成这样的强制性力量。

所以我们经常和自己的客户强调，我们的核心内容放大是设计中最简单也是最难的技术。简单，是操作上非常简单实用；难，是还有大部分设计师和企业，到现在都还没认识到这种放大的力量原理。

我将这一节的标题命名为"要强势，不要装饰"，就是因为很多的企业在做自己的广告或者包装设计时，设计师更多的考虑是如何让企业的产品和广告去保持"协调"，最后是协调了，但协调成了装饰，成了配角，设计师在做设计的过程中追求"协调"的思维，其实就是一种追求什么东西都要顺应人们视觉习惯的思维，要追求视觉舒适，其实换种说法就等于在说要追求刺激最小化，这就是一个误区。

追求视觉舒适，是一个在传播上非常常见的误区，我不是反对产品的设计要好看，但是在一份设计中，好看不是支撑传播的要素，很多人在对一份设计做评价时经常会有"LOGO太大了，有点怪""颜色太单一了，有点单调"，这样的想法，就是因为那个设计没有适应他的视觉习惯。不适应视觉习惯的设计不能说它就是不好的设计，相反，人的视觉习惯都是通过设计慢慢适应的。

　　放大设计方案中的核心内容，不要被视觉"协调"的思维限制。同样的道理，放到货架上来说，我们的产品包装也要考虑到在一个货架视觉范围内"最大化"，什么意思呢，就是比如一个货架上是10个相等的格子，每个格子上放着不同品牌的产品，在这种视觉相等的情况下，如何能让消费者在正常情况下最大化地先注意到我们的产品？

　　有一个方法，就是同等的大小，比较颜色纯度。在人的视觉里，货架上的格子分成了10个，但是格子里的包装设计，如果又使用了多种颜色，那就等于将格子又分成了很多个更小的格子。但是如果反过来，有人将自己的产品包装颜色用的是一个大片的纯色，比如像可口可乐一样的纯红色，百事可乐一样的纯蓝色，它就等于将自己的格子最大化使用了，相对更容易被注意到。

　　这样大家是不是感觉很简单？是的，但是很多人不愿意做，因为第一关就过不去，就是在做设计方案时大家会觉得设计不太协调！太单调了，一开始总会觉得不是最好看的！于是开始在自己的方案中添加颜色，直到把自己的"广告位""拆"个稀巴烂。

　　在街道上，设计自己的店面招牌时，也同样要考虑这点。要尽量用一个强势的色彩，或者说要将自己品牌的颜色最大化地使用到最强势的程度。自己的招牌位置有多大面积就应该用多大面积地保持一种自己的颜色。

这样做也是从整条街道的视觉上来说，最大化地将自己的店面展现在消费者面前，让他们在最短的时间内发现。

这个过程中，千万不要被"考虑协调"的思维误导了。有的人设计自己的招牌时，跑去考虑要和自己旁边的店协调，这就是典型的陪衬思维。你要的不是协调，不是做配角，而是如何在一个视野范围内成为主角。

设计方案，在设计时不要考虑装饰，先要做到强势！

14 看图说话——打通视觉和听觉任督二脉

在前面我已经讲过：人类是通过眼睛和耳朵认识这个世界的，眼睛对应的是画面，耳朵对应的是语言。人类大脑的记忆储存方式对应的也是这两种形式，就是听觉记忆和视觉记忆。

回到广告设计上，如果我们的设计方案只能让大家用一种方式进行记忆，那就是在浪费人的生理记忆能力，本来耳朵和眼睛都可以记的，丢掉一半不用就是浪费。

人们可以将看到的东西以画面的形式存进自己的脑海，也可以将听到的一句话存进自己的脑海，如果一样东西能同时以画面和声音的双重方式存进脑海，那么它就相当于在人脑海中的存储力翻了一倍。

比如，哲仕帮大果子设计的LOGO就是一个大果子表情，你在看到时就不仅能存储视觉记忆，还能自动在你的脑海中同时存储语言记忆。

给憨宝有味榴莲饼设计的"榴莲小宝"卡通形象，还有前面举过例子的为"海雀"鱼肝油设计的"大嘴海雀"，都是具备这种特点的设计，它们能自动在你脑海中存储两种形式的记忆，让看到的人对它们记忆加倍。

要做到不浪费人天生的生理记忆能力，让人们对我们的设计同时存储听和看两种记忆，就需要我们的视觉设计能具备在大家看到的那一刻可以自动转换成语言信息的能力，而语言的设计一听就有画面感。

只有这样的设计，才具备天生的双重记忆力和传播力。看到苹果的LOGO，你会自动转换成"咬掉一口的苹果"，看到耐克的LOGO，你会自动转换成"一道√"，看到麦当劳则是"双拱门"，这些都能自动将视觉符号转换成语言符号。

按照只有听觉信息才具备传播条件的原理，这些设计都具备天生的传播力。

而今天我们看到很多企业的LOGO设计，大家可以自己对照一下，你会发现它根本无法转换成语言，你无法描述出来，无法描述，也就彻底丧失了传播基础。

自己的LOGO要让大家一看就能自动转换成语言，这么简单的道理，为什么还会有这么多企业和设计师做不到？因为它太简单了，简单到这样做会显得没有内涵、没有创意！

而大部分设计师都有天生的创意欲、表现欲，太简单的设计图形，他们会认为是没技术含量，体现不出这个作品的设计深度。

有这样理念的设计师，就有这样的客户，他们一起昏聩，于是就诞生了很多自我迷恋、只有自己才能看懂的设计作品，浪费着企业巨额的广告费用，消费者若是不买单，就觉得是消费者的内涵和审美有问题。

其实站在识别与记忆的角度，看图说话就是最高的境界，看图说话人人都会，从小就会，你的设计能做到像看图说话一样地让人快速识别和解读，就一定能获得巨大的成功。难就难在大家都觉得看图说话显得太没技术含量了，而不知道这才是广告真正的大技术，是传播学、广告学，甚至是人类生理学层面的技术。

你的广告能做到看图说话的状态，让消费者看到图就能在自己脑海里自动转换成语言，听到语言就能在自己脑海里自动转换成画面，这样就像是打通了广告记忆与传播的任督二脉，功力就会倍增！

15 广告的能见度就是枪的射程，能见度越大，射程就越远

店面的设计原则就是做整条街最亮的仔；包装的设计原则就是做整个货架最亮的仔；这都是哲仕方法里面最简单的招式，最简单的方法，但大部分设计公司和企业都不明白。

我经常举一个例子，广告的能见度就相当于枪的射程一样重要，能见度决定了你广告的辐射半径，决定了多少范围内的受众能接收到你的信号。能见度越大，能看到的人就越多。

提高能见度也有很多简单的方法，前面"要强势，不要装饰"的章节里讲到过的将颜色化繁为简，同样大的位置，同样大的包装规格，别人用三个颜色，我就用一个颜色，我的色块就会比对方大，能见度就更大。

别人的产品在一米以内才会被注意到，你的产品在三米之外就能注意到，这在辐射半径上就已经赢了。

还有内容也一样，不管是招牌还是广告、海报，同样的尺寸，你放10个内容和只放1个内容，他们最终的能见度是完全不一样的。所以，在做广告内容的时候，大家一定要考虑好了。

在电视广告上，你想说的越多，能听到你说的人就越少。在平面海报广告上，你想放的信息越多，能看到你的人就会越少。

如果大家内容数量都一样，最后比什么？就比谁的字数少，比谁的图标能放得更大！比如世界杯现场的万达广告和英利集团广告。在这种一寸广告一寸金的地方，你就能最直观地明白广告为什么字要大，万达宁愿把自己的标志图形上下显示不完整，也要把字放到极限大！

而英利更狠，他在一些广告位置干脆连LOGO的图形和英文都不要了，直接将"中国英利"4个字放到最大。这都是为了将能见度做到最大。

企业在设计自己的广告语的时候，也一样要考虑我们在前面已经强调过的一个原则：能用一句话说明白的事情，就绝不用一段话来说，能用一个词解决的事情，就绝不用一句话来说！

广告语就是要一句话搞定，而且这句话字数越少越好，我们已经说了字越少能见度越大，如果你的广告语是10个字，人家的是5个字，那同样尺寸的广告位，人家就能比你放得字体大一倍，字体大一倍，对于一些户外广告来说，能见度就可能多出个几百米了，能见度半径多几百米能看到的人数可不只多一倍那么简单，可能是5倍。

就算是电视广告或者语音广告也一样，读完10个字需要两秒，而读完5个字一秒就搞定了，同样的时间，你读一遍，人家可以读两遍！这个差距有多大，这对企业的成本来说相差的就有多大！

广告的能见度有多关键，它就相当于枪的射程！没有射程的枪，瞄得再准、杀伤力再大都没用。

16　食品包装设计就是食欲的设计

去过日本的朋友应该都对一个细节会有印象，就是几乎每家餐厅的门口都会有一个橱窗，橱窗里摆放着菜品的模型。那些模型不管是色泽还是大小，都是1∶1复制的。

我在日本时还特别找一个餐厅问过，那种模型是用树脂做的。模型的逼真程度，一点也不夸张地说，高到都有一种让人看到就想咬一口的冲动。它们被摆在橱窗里吸引着来来往往人们的目光。

在我看来，这是一种跳过和你描述美食有多美味，而直接引爆你的生理反应，召唤你的食欲的操作，威力特别大。

我记得我第一次在日本看到那种模型时，就非常兴奋，因为我发现它简直就是直接把哲仕一直在向客户苦苦强调的"食品包装设计就是食欲设计"的理念和方法发挥到了一个新高度，不过后来我还专门了解过，人家这个做法在20世纪20年代就有了。

日本还有个叫野濑安信的广告人，专门出版过一本关于讲这种美食模型的书，他说："这是从平面广告对人的刺激升级到了三维立体的高度。"

我们帮客户的食品放大食欲，还仅仅停留在产品的包装设计、海报设计层面，人家已经直接跳出了这个介质，觉得包装和海报再逼真，在对召唤人们食欲生理反应的刺激上还是有限的，直接上升到了三维立体的层面，这在刺激食欲的层面来说，是真正的"升维"操作。

虽然现在我们国内的餐厅还没有流行这样做，但是曾经我在自己的微信上发过一个朋友圈，说以后咱们国内做餐饮的企业，也一定会把这个方法学过来的，在餐厅门口放菜品模型，用最大的诚意去勾引自己的顾客，咱们拭目以待吧。

我们回到题目，讲上面这个例子的目的，就是要和大家强调食品包装设计中食欲设计的重要性。

食欲设计是直接刺激人的生理反应，它比任何的心智心理刺激都来得更直接、更有效。虽然几乎所有人都认为广告是门心理学，研究的是如何刺激人的心智的，但是我一直认为真正厉害的广告顶层逻辑其实是生理学，是直接让看到的人产生生理反应。

特别是快消食品类的产品广告，快消产品已经决定了大家的消费模式不属于逻辑消费，更多的时候，大家在买快消品的时候，不是理性分析，更多是即兴消费。快消品广告应该直接对人的生理反应进攻，而不应该倾向研究如何在逻辑上说服消费者这产品有多好。

食色，性也，是孟子的时候就说过的了，美食和美色这东西，你就别研究什么心理不心理了，你就想办法调动消费者对它们最原始的本性和欲望就可以了，不要考虑什么消费心理，直接刺激消费者的生理！让他们看到就有对美食原始的生理反应，就是食品包装设计最大的创意。

具体要怎样做？在食品包装和广告设计创意时，我们有一句话叫：货卖一张图！不管是包装设计还是海报设计，不管你有多大的创意，上面的产品图片一定要是怎么高清、怎么有食欲就怎么来！食品的包装和广告设计，不仅设计师要优秀，摄影师也是关键！必须明白图片对于这次设计的意义才行，这是一个最简单也是最基本的原理。

可就是这么简单的道理，还是有很多的企业在这个环节上执迷不悟。将自己的食品产品包装和广告设计做得很有"创意"、很漂亮，把产品图片放得小了又小。甚至有的设计师为了追求版面的唯美和创意、高端和大气，干脆不让产品图片出现在包装上。

　　本来连普通人的常识都知道食品包装上应该要放最具食欲的产品图片，结果经过设计师一通创意和艺术的考虑，活生生将本来美味的产品图片，用插画画了一遍，他就认为插画表现出来和自己的创意更协调，更有设计含量。你说可笑不可笑？

　　而且这样的情况还特别多，我曾经就和朋友在一家内蒙古烤肉餐厅吃饭，那家餐厅外面墙上的一张大大的烤全羊海报设计就是如此。本来海报设计的版面都没毛病，中间是一张大大的烤全羊图，但是问题就是那个烤全羊的图片被设计师换了，换成了自己画的插画。

　　可能设计师就是认为插画更有创意！更能体现一份设计方案的技术性，这也是我常说的设计师的创意欲，总觉得要在设计中展现出高超的设计技巧才算是优秀的设计。

　　但他不知道，他搞错了设计的目的，这一换，原本的那只大大烤全羊能带给人的食欲就全没了。真实的高清烤全羊图片对顾客食欲的刺激才是这张海报真正的意义。

　　记住，食品包装设计最基础的创意，就是唤起人们的食欲，刺激人们对美食最本能的生理反应，不要质疑，这就是让人们行动最有效的方法。

17　永远站在购买者视角，用消费者自己的话说

不要讲自己有什么特色，而要讲对消费者有什么好处。讲自己有什么特色是产品思维，讲对消费者有什么好处才是消费者思维。用产品思维做出的广告，最后都会成为自卖自夸，而消费者不买账，甚至根本听不懂。

站在购买者视角，用消费者自己的话说，消费者一听就和自己有关系，一听就好像是专门为自己而设计。

小米有一款手机，请吴亦凡代言，一开始用的广告语是"变焦双摄"，广告打了半年，不愠不火。后来换成"拍人更美"，一下就火了，明星还是那个明星，手机还是那款手机，"变焦双摄"是技术描述，属于产品思维，"拍人更美"是结果，是消费者体验，属于消费者思维。广告语的角度一换，消费者一下就愿意买了。

滴滴专车最早的广告语是"一键下单，高效快捷"，也是用了不到半年，就换成了"滴滴一下，马上出发"。两句话一对比，后一句就是消费者自己的话，力量就比原来的大得多。

最厉害的还是步步高点读机，一开始在央视的广告是"课本点读、人机对话，让学习更简单更有趣"，广告收获的效果一般。我记得当时看到那广告时，和中山的一位朋友就说过，我说这个点读机如果直接换成学习机就更厉害了！

没想到的是后来步步高果然升级了一个版本，就叫步步高学习机，而且广告语也升级了，改成了"哪里不会点哪里，妈妈再也不用担心我的学习"，这就是一个超级创意。

先是"学习机"这个名字，在妈妈们听来就已经是一个超级购买理由了，然后是"哪里不会点哪里，妈妈再也不用担心我的学习"，哎呀，我们甚至可以想象到妈妈们掏钱的速度有多快。

消费者从来不会关心产品的特色，只会留意和接收到和自己有关系的信息。我们必须再重复一遍：哲仕的超级购买理由方法是一套帮助消费者购买的方法，是永远站在消费者角度出发的营销方法。

关于产品思维和消费者思维，我曾经有个一个比喻，就是我们的产品好，不等于消费者就要买！就像我们说一个男人好，无论他有多好，也不是女生们要嫁给他的理由。因为他的好和你没有什么关系，而只有他对某个女生好，才会成为那个女生嫁给他的理由！

有效的广告语，就是消费者一听就感觉和自己有关系，就感觉那是在对自己说的。

这里面有一个原理，就是我们说的做广告就是在发信号，我们发出的广告信号想要消费者能接收到，信号就要强（比如要放大，要选择本身信号强的媒介等）。但想要让消费者接收到我们的信号，除了信号强之外，还有另外一条就是信号本身要和目标受众有关系。

今天的我们平时在外面接收的信息信号太多太多了，感官系统已经本能地为我们屏蔽了大部分与我们无关的信息，这种屏蔽是自动的，比如你今天刚从某个街道走过，其实这条街道上有好几十个店铺在你的眼前出现过，但过完之后问你看到了什么，你可能就能想到那么几个，其他的自动被屏蔽了。

为什么？因为它们和你无关。你能有印象的，能真正接收到信号的那些店，都是它们的信号在一定程度上和你有某种关系的。

企业广告要永远站在购买者视角，用消费者自己的话说！这是确保广告信号有效传达的基本要求。

18　赞美消费者啊！

不要只顾展示自己的厉害之处，而要赞美消费者，就算你想表达自己很厉害，也要通过赞美消费者来表达自己的厉害。

消费者成为你的顾客，不是因为他觉得你厉害，而是你让他感觉到了他自己的优点。

赞美消费者，是营销的基本姿态，你想赚人家钱，就应该让人家快乐，而不是贬低人家。

从来没有通过贬低消费者而让对方成为自己顾客的营销。如果品牌的高度是通过贬低消费者的形式来呈现，那即使你显得再有高度，也不会有什么好处，因为大家不会选择成为你的顾客。

如何做到既拔高了消费者的高度，又展示了自己的厉害之处？最有效的方法就是赞美自己的顾客！

同样是展示自己有高度，政府大楼大堂的设计和五星级酒店大堂的设计，就完全不一样。你走进政府大楼的大堂，可以感受到它的宏伟和大气，但这种宏伟和大气的展现方式，会让你觉得它很高大，而你站在里面，感觉到的是自己很渺小。

五星级酒店的大堂设计就恰恰相反，你走进去，同样，它会让你感受到宏伟高端和大气，但它这种高端和大气，能让你感受到自己很尊贵。

试问，你会愿意去一个虽然对方很高大上，但会让自己显得很渺小的酒店消费吗？这就是两种不一样的表达方式的结果，当然这是通过设计来完成的。

赞美顾客的方式有很多种，比设计更直接的就是在话语里面赞美，比如俄罗斯当年卖自己的苏27战机给中国，说过一句话："伟大的祖国需要伟大的战机！"你买我的战机就代表你是个伟大的国家，赞美了顾客的同时，又一起把自己的牛皮也吹到位了。

类似的赞美，还有一个我自己切身体验的故事。在多年前我给自己的第一套房子找装修公司的时候，记得当时收到过不少装修公司的资料，但后面选择了一家叫"名匠装饰"的公司做了设计和装修。

当时选择的理由很简单，就是看到他们当时装资料的袋子上有一句简洁清晰的话："为优秀企业领袖的家做设计！"我一看，就他们了！因为那句话一下就精准地击中了我心里那个痒处。这就是赞美的力量，它让我觉得选择他们是我的自豪。

赞美消费者，就是要挠消费者的痒处；贬低消费者，就等于挠消费者的痛处。

有些营销创意，自作聪明，找消费者的痛处挠，戏弄消费者，那都是不够聪明，被戏弄了的消费者，他就算对你印象深刻，也不会买你的东西，除非是逼不得已才会选择，不然只会躲你躲得远远的。

19　做调查：要问这蚯蚓怎么样，不要问这鱼钩怎么样

渔夫A问小鱼："小鱼小鱼，你觉得我这鱼钩怎么样？"

小鱼心里骂骂咧咧地想：是你傻，还是你当我傻？

然后望着金光闪闪的鱼钩，认真、负责任地回答："你这鱼钩设计得真好！一定能钓到鱼！"

渔夫A等了半天："那你为什么不咬钩呢？"

小鱼：……

渔夫A百思不得其解：奇了怪了，明明是个好鱼钩……

渔夫B问小鱼："小鱼小鱼，你觉得我这蚯蚓如何？"

小鱼一样一本正经地回答："你这蚯蚓好是好，但是没什么创意，鱼钩都没看到，肯定钓不到鱼！"

渔夫B："哦，我知道了。"

小鱼："哦对了，你家蚯蚓还是不错哈，我就不客气了……"

小鱼：我是什么时候成为你的鱼的？？？

渔夫B露出了满意的笑容。

到这里，聪明的读者已经知道我在讲什么了：做创意调研，不能拿着创意去问大家"这个创意怎么样？"或者是"这个设计方案怎么样？"这样的调研，是在问题上就问错了，你不可能得到真实的答案。

哲仕一直强调专业的事情听专业人的，你考虑的那些调研，专业的人早就做好了，而且他们的调研方式比你更正确。

客户如果一定要听听其他人的看法，也不能拿着方案去问大家"这个方案创意怎么样"，而是建议客户直接问"这个产品怎么样"。

因为只有这样，被问的人才能真实进入消费者的视角。消费者视角里我们的方案就是一个产品，它不是一个作品，也不是一个创意或者方案，一旦被问的人将它当作品和创意来判断的时候，判断就已经失效了，不可能准确。

一切广告和创意都是无意识的药丸，消费者在接触我们的创意时，是不知道这是个创意的，他只会接收到我们的创意设定好的传递给他的信息，好的创意传递给消费者什么信息？就是"产品很好"的信息。

拿着广告问消费者："这广告创意怎么样？"消费者回答："很好很有创意！"给你鼓个掌，就没有然后了。你看，他一看是创意好，又不是产品好，为什么要投钱购买呀？

恰恰相反，消费者如果说："这产品应该不错，但这设计没看出有什么创意呀！"才是创意生效了。

企业做调研，必须要谨慎，不然你的调研不仅不能给你提供判断依据，反而会误导你做出错误的判断。

我们一个食品行业的客户，品牌叫憨宝有味，在启用哲仕的方案后，运气很好，产品在市场上取得了非常不错的效果。他们的郑总就跑来和我说，他说："李辉呀，我问了我们的经销商，他们都说很喜欢你们设计的这个方案。"我说："经销商喜欢不喜欢就别听了，你也不应该去问经销商喜不喜欢。如果对方说不喜欢，你怎么办？方案不用了？还是要我们重新修改？"

他说经销商在前线嘛，他们的判断应该不会错。我说还好你没有在方案启用前先去问一遍他们的看法，如果启用前去问一遍，有可能你得到的答案就不是这些了，可能会有很多不同的看法和声音，现在是运气好，已经在市场上卖出了效果，大家就都能判断了。

我和他说这话也并不是妄下断言，因为在哲仕服务客户的时候，有不少客户就会拿着我们的方案创意去广寻建议，他们一般还会美其名曰集思广益，最后收集来一大堆的看法。如果客户的老板是一个能做决策的人，那还好，我们最多提案时累点，最终还能匡佐对方去做出决策，去执行方案，做出市场效果让他明白过来。

但如果是遇到那种决策能力比较弱的企业老板，那就瞎了，他分不清什么部分该听什么人的。我们也有遇到过客户最后反过来让他们的经销商来指导我们的创意应该怎样做，我说那就没必要了，如果你的企业是由经销商指挥的，我们就无能为力了。

20 产品线结构设计，田忌赛马的游戏

田忌赛马的故事大家都听过，用自己最慢的马去和对方最快的马比，换来自己最快的马跑赢对方中等的马，自己中等的马跑赢对方最慢的马，从而在全局上获得最终的胜利。

看似是一个有意牺牲局部去换取最终胜利的故事，实际背后是一种基于系统思考的角色与任务划分思想。

这种思想在企业的产品线结构规划上，就特别有借鉴意义：一个企业从需要多少款产品开始计划，到分别应该需要哪些产品，什么时候推出什么样的新产品，每一款产品各自的角色和在大战略目标下的任务又是什么……这些就是一个企业必须系统思考的问题。

企业的产品线结构设计就是企业的战略路线图，每一款产品在企业的市场战略和营销中都属于系统中的不同角色。它们相互配合，各自发挥着自己的角色作用，最终取得企业的战略性胜利。

继续讲赛马的故事，用最慢的马去和对方最快的马比，并不是指用自己最弱的产品去和对方最强的产品竞争，而是比如可以在企业的产品线中针对对方的利润线产品，设定一款自己在成本上有优势的产品，作为可以不需要利润，甚至可以是部分亏损的市场突破性产品，去和对方的主要盈利产品竞争，以达到快速在市场上为品牌获取用户份额的目标。

进而以点带面，做好公司产品线的流量互通设计，让业务线产品（引流产品）成为公司其他产品的广告，让消费者消费接触到公司其他核心业务产品，以获得盈利。竞争对手用这个产品获利，而你用这个产品获客，企业就有机会在市场上顺利形成竞争优势。

企业业务线产品的角色作用是获客，应该相对刚需，低价高质，任务是获取新用户，并让顾客感受到品牌的成本优势；企业核心产品的角色作用是盈利，利润线产品需要能跑量，并有可观的利润空间，任务是为企业创造利润，形成品牌的竞争壁垒；品牌产品的角色是锚定品牌价值，产品必须具备独有性，价格可以定高，任务是塑造品牌的价值感，同时为品牌奠定更高端的市场。

不同的产品解决不同的问题，就像是一次大会战里面包含了若干次小战役，每次战役都有任务和使命，但它们同时又有一个共同的最终大目的，都是为了最终的会战，为了企业的经营战略和竞争战略。

我们举一个餐厅菜品定价的例子：一个餐厅的菜牌上有20道菜，其中5道是大部分餐厅都会有的家常菜，10道是餐厅的招牌菜，还有5道是餐厅自己的特色菜。

我们就可以将那5道家常菜价格设计成明显低于其他餐厅的价格，它们的任务是让顾客觉得这5道家常菜的性价比高，因为这些菜大部分餐厅都有，味道都差不多，大家也都熟悉这些菜一般的价格，所以我们干脆设置比其他地方都低，让大家的第一感觉是我们餐厅的菜不贵，相对其他餐厅好像还优惠。这就是先给了新顾客一个不贵的印象。

中间的10道招牌菜，其实也是大部分顾客的必点菜，价格设计适中，但保证利润，并且可以做量。

而另外5道是自己餐厅的特色菜，这些菜一般只有在我们这个餐厅才有得吃，在其他地方可能很难找到，这样的菜，则可以将利润提高，因为其他地方没有，顾客也没有对比性，你不能说它就贵了。同时因为别的地方没有，只有你家有，所以就算贵点，大家也比较愿意尝试。

这就是企业产品线的角色与任务划分，每一个业务模块，每一个产品，都有它对应的战略角色和担负的战略任务。

田忌赛马的角色任务划分思想，实际上就是一种战略思想，什么是战略？战略就是围绕一个最终目标，规划好一个系统内的各个角色，什么时候做什么事，完成什么任务，不能急，不能乱！

21　依靠一个大品类，创建一个新品种

品类是刚需，品种是价值。

品类会一直在，品种则会被不断优化，不断升级，优秀的品种最终会成为品类的代表，直至下一个更优秀的品种出现。

通信是品类，书信是通信品类里的品种，人们通信的需求永远在，但书信的价值之后被电话替代，然后又升级被手机替代。今天手机品种就暂时是通信品类的代表。

我们讲产品的购买理由设计，产品购买理由不应该停在品类的需求上。比如卖饮料，饮料的品类是解渴饮品，但一款饮料的购买理由肯定不能设计成解渴；食物的品类是充饥食品，但餐厅的购买理由肯定不能设计成解决人们的吃饭问题。

所以产品的购买理由设计应该建立在品种价值之上，饮料是用来解渴的，但我的饮料是一款既能解渴又能提神，或者能去火的饮料，这就创造了一个功能饮料的新品种。提神或者去火就成了这个饮料的购买理由。

餐厅也可以在品种上创建价值，我们将餐厅环境设计得更有情调，更舒适，再加上音乐，就成了餐吧，餐吧就是在餐饮的品类上创建的一个品种，餐吧的购买理由就是在解决充饥的品类上提供了社交的价值。

优秀的购买理由设计，可以为产品创造一个全新的需求，让产品成为一个大品类里的新品种，让品类价值最大化的同时，又跳出品类竞争，自成一个小行业，直接开创一片新蓝海，一个全新的市场，没有竞争。

品类是消费者需求的原始归类，品种是在原始需求的基础上增加或者优化了某种价值。产品最好的信息，就是在消费者眼里品类清晰，品种独特！

比如哲仕为安馨大厨设计的"煨制高汤"，保留"高汤"是确保品类清晰，"煨制"是突出品种的独特和创新。它是高汤品类里的新品种，是一种更鲜香的高汤。

有了高汤这个品类，大家才会把这个产品放到高汤分类的货架上，我们才能确保目标消费者最快地找到它。而有了"煨制"

这个品种，消费者才能快速区分它和其他产品。

前面已经讲过，优秀的品种最终可以成为品类的代表，谁又能说更鲜香的"煨制高汤"品种不会升级成为高汤品类的升级版，进而成为"新一代高汤"呢？

这就是为什么哲仕说购买理由设计实际上就是产品的再开发设计，因为为产品设计购买理由的过程，就是重新定义产品，重新定义产品的品种，重新界定产品的市场和竞争者。购买理由设计好后，产品就不再是原来那个产品，市场也不再是原来那片市场，这一变，直接在产品推出前，把原来的竞争者都变没了。

22 产品体验设计，让顾客感受到产品的好

购买理由让顾客选择我们，产品体验让顾客持续选择我们。这两件事情都是应该在产品设计时就考虑好。

好产品里边的"好"，必须能让顾客感知到，凡是顾客感知不到好的，都是产品体验设计没有做好。

哲仕为憨宝有味榴莲饼做设计的时候，发现憨宝有味品牌相

对其他做榴莲饼的企业有一个先天的优势，就是该企业的郑总在此之前是做水果供应的。

在服务过程中，郑总也多次向我们强调："李辉呀，我们做的饼真的和其他企业做的饼不一样，我们是真真实实用鲜榴莲肉做！"我说如果有这么好的优势，一定要从产品设计上就做出创意，让消费者都能体验到这种优势。

所以后面就做出了大家看到的看得见榴莲果肉的憨宝有味榴莲饼，这就是一个在产品体验设计上的创意。在此之前，市面上的榴莲饼都是一种流心饼，就是咬一口之后，里面是榴莲味的流浆，虽然也是榴莲味，但在体验上来说，和真正吃到榴莲的体验还是有很大区别。

而憨宝有味就在这个地方做了一个小小的改变，让饼里面的流浆稍微不那么稀了，而是一口咬下去后，可以看到黄黄的榴莲果肉，消费者瞬间就有了真的吃到了榴莲的体验。

这种体验就和产品包装上的"用新鲜榴莲果肉制作"实现了相互印证。产品话语是向消费者做出承诺，产品体验就是用来验证我们的承诺。顾客看到我们的包装和话语，将产品买回了家，然后在使用产品时产品体验又回过来验证了购买时的承诺。顾客就会进行二次购买，重复购买。

这就是产品的体验设计，让顾客在使用产品时自己看得见我们的好，甚至感受得到我们的好。

再举一个例子，使用过立白洗衣粉的人可能有留意到一个细节，它们有一款产品，在广告上宣传是洗衣粉里面添加了一种蓝色的碱性蛋白酶小颗粒成分，能在洗衣服时起到杀菌、增白、护色增艳等作用。

当我们打开包装之后，会看到洗衣粉里面还真有一些蓝色的小颗粒掺杂在里面，这就一下让这种产品宣传里的特点看得见了。但是实际普通人可能不知道，蛋白酶原本并不是蓝色的，而是为了让你看得见，所以故意将它染成了蓝色混在洗衣粉里，这就是一种很有效的产品体验设计。在顾客眼里，甚至能看到它在起效。

产品的体验设计，就是在自己产品的优势上，设计出对应的仪式性，通过仪式让顾客感受到这种优势。

还有一个故事，我曾经在一家椰子鸡火锅餐厅吃饭，他们门口和菜单上都打着一句口号："上菜不用等，3分钟内上全所有菜！"我本来也没太留意，心里想着就是应该上菜会快一点，但是后来有一个细节就给了我更深刻的印象，餐厅的服务员在向我们确认好点的菜品后，就拿着桌上的一个计时漏斗反过来放好，并告诉我们说："现在您的菜品已经点好，我们会在3分钟之内为您上齐全部菜品，如果您发现我们超时上菜，后面菜品我们全部免单，祝您用餐愉快！"

就这么一个细节的设计，当时我和朋友对他们"上菜不用等"这个口号就有了一百分的体验。

所有产品都有体验，如果你认为自己的产品好，而你的顾客却感受不到那种好，问题不在顾客，而是应该留意一下自己的产品，是否为顾客创造了应该有的体验。

没有产品体验，在顾客那里，就等于产品的所有宣传都是在吹牛皮。

23 没有体验就创造体验

讲完产品体验的重要性，我们已经了解了产品设计就是购买理由设计，购买理由说出产品的好，产品体验让顾客感受到产品的好！两者相互加持，相互印证，就形成了顾客对产品的重复购买。

有人说我已经知道产品体验很重要，关键是我们的行业和产品太普通了，使用也很简单，所有同类产品都一样，在用我们这类产品过程中，没有什么特别的体验可以给到顾客。

没有体验，就创造体验！

优秀的产品体验都是设计出来的，聪明的人在上一节里就一定留意过一句话："产品的体验设计，就是在自己产品的优势上，设计出对应的使用仪式，通过仪式让顾客更深刻地感受到这种优势。"

没错，仪式就是体验的关键！只要我们明白这一点，任何产品都可以给顾客创造出它独特的体验仪式。哲仕在为"心岩春"茶叶做创意的时候，就设计了"有机心岩春，能喝头道茶"这样一句产品话语的创意。

这句话的创意就在于，哲仕在一句话里面就把产品的购买理由和顾客体验全部做完了！

"能喝头道茶"就是我们为心岩春设计的产品体验。

为什么能喝头道茶？

因为有机心岩春！心岩春岩茶，茶山就在"秀甲东南"的武夷山，每一棵茶树都是生长在岩缝之中，最大的特点就是纯天然、无污染。

"有机茶"在工作组经过调研和分析后被确定成了心岩春的品牌定位，在确定这个定位后，再给出"有机心岩春，能喝头道茶"的创意，购买理由和顾客体验一下全有了。

关键是，"能喝头道茶"一下就成了心岩春区分普通茶叶的特定仪式，因为大家平时喝茶时习惯第一道水是用来洗茶的，不能喝。为什么不能喝？因为普通的茶叶上面有农药残留和其他有害物质！这是一个喝茶的常识和习惯。

而"有机心岩春，能喝头道茶"就是在产品特点的基础上，创造了一个顾客体验。

有人说不喝头道茶大家已经养成习惯变成常识了，不会喝，哲仕方法不是也说做创意要调用常识而不是逆常识吗？我说这一点都不重要，"能喝头道茶"并不是一定要大家喝了那个第一泡茶，我们的目的也不是让大家喝第一道茶。我们的目的是这句话强化了"有机"心岩春的定位，并且以一种具体的仪式印证了这个定位。

"能喝头道茶"不是让大家喝头道茶，是借平时大家喝茶时"洗茶"的这个环节和认知，反过来强化了"有机心岩春"！

"能喝头道茶"也是在大家喝茶的过程中，设定了一个触发条件，不管你喝不喝这第一泡茶，每次你在洗茶这个环节，就会触发一次这句话，让你对有机心岩春累积一次"有机"的印象。

这样从产品话语中创造产品体验的方法，哲仕在很多案例中都有用到，其他还有另外一个比较有代表性的就是给不老夫保健酒设计的"烫着喝更有效"！烫着喝，也是为产品专门创造的一个体验设计。而且这句话的创意不仅仅是设计了消费者体验，我还说它是一句教科书级别的传播话语，因为这句话就是为目标顾客在产品特定的体验过程中设计的一句标准式必说的话语。老爷子和他的朋友在一起喝两杯的时候，就会说上这句我们设计好的"烫着喝更有效"！形成巨大的传播力。

"烫着喝更有效！"既是产品体验，又是传播话语！更重要的是，它还让你直接默认这酒有功效！

24　到商场学包装，看央视学广告

广告创意好不好，持续投放见分晓！

产品包装行不行，货架上面现原形！

这是我自创给大家的两条广告创意和产品包装设计判断标准。

想要判断一个广告创意好不好，有一个很简单的方法，你就看投放它的企业是否在持续投放它。

　　能持续被品牌投放的广告创意，不用质疑，基本上都是有效的创意，反过来，不能持续投放的广告，则说明那广告看上去创意再好，都可能是假的。当然这里边也会存在个别其他的因素，但基本上这个判断八九不离十。

　　我还讲过一个学广告的方法，就是看央视广告，特别是要看那些常年在央视投放的品牌广告，你一定要看明白它背后的创意是什么，如果你能看明白，就算是懂广告了，如果学会了，那就已经是个高手了。

　　因为能在央视常年投放的广告创意，就是直接用收益结果检验后的创意，它至少能帮助品牌赚那么昂贵的广告费，并且品牌愿意持续投放它，就是一个最好的结论：它是能让品牌赚钱的广告创意，是好创意。

　　当然，现在的主流广告投放媒介，除了电视，还有像分众传媒这样的电梯媒体，道理都一样。

　　有很多广告人和设计师即使做创意做了很多年，都不明白这个道理，他们对广告创意的理解，都处于"作品"的理解。

　　怎么理解"作品"这个词？就是脱离了广告的目的，单独将广告创意理解成了一个独立的创意。这类创意观，最早源于我们学院里的广告设计专业，院校老师在给广告艺术专业的学生讲广告创意时，经常会拿一些国际上获奖的广告创意设计给学生讲解，最具代表性的就是戛纳广告获奖作品。这种脱离广告目的的创意作品，让很多设计师在追求创意的路上，越走越偏，也害死了不少企业。

所以大家也不会看到某个戛纳获奖广告创意能真正走到市场上，让普通消费者看到它，不是没有企业用过，而是一用就发现那只能用来看，不能用。

这种直接用收益结果检验的方法非常通用，而且有效，我曾经和大家讲如何分辨一家优秀的咨询创意公司？非常简单，你也用这种判断标准：一家创意公司行不行，你不用看他们服务过多少大客户，也不用看他们有多少客户数量，而是看与他们合作的客户中，有多少是持续多年合作的。因为持续合作的客户，可以反映一个最基本的信息：一定是因为他们在合作中获得了价值。初次选择，有很多种因素，但持续合作，一定是因为价值。

产品包装行不行，货架上面现原形！

产品包装和广告创意的检验标准一样，一份包装设计方案行不行，不要在电脑效果图里看，要将它放到货架上去看。什么原理？这个我在"时刻保持现场思维，时刻算好创意时差"一节里已讲过了。所以要学包装设计，最好的方法就是到商场里去学，去货架旁学。

我偶尔会发现一些新入职哲仕的设计师，看到他们有时在一些网站上翻看一些包装设计作品，都会立马告诉他们："不要去看那些图库里展示的设计，那些设计再精美都是假的，你们要去商场，去看那些真正摆在货架上卖的产品包装。"

因为那些产品包装设计，才是真设计，它们是经过市场的层层检验，才能出现在货架上。能上那个货架，就是对设计的一层检验，特别是那些已经在市场上卖了很久的产品，如果它卖不好，你就看不到它。你能在货架旁边看懂它的设计创意，进而学会包装设计。

最后再重复一遍我给大家的两句口诀：

广告创意好不好，持续投放见分晓！

产品包装行不行，货架上面现原形！

25　如何做决策？

如何做决策，是每个人都经常会面临的问题。

特别是我做营销咨询这个工作，我们每一个创意方案做好

161

后，最终都要和客户约到一起去开决策会议，交由客户去做决策，也就是提案会。

可以说我每周都是在陪着企业客户做决策，时时刻刻都在看着客户做决策时的纠结和犹豫，甚至是痛苦。

关于如何做决策，下面我们就具体来从两个部分讲一讲。

▶ 第一部分：决策者必须自己做决策！

这也是我经常和我们的客户讲的一句话。决策者可以听取他人的建议和分析，但必须自己得出结论，自己做出决策。

为什么呢？因为任何事情都会存在环境的不同、背景的不同、时间的不同，以及目标的不同，而会有很多种不同的"正确结论"。

而你所处的境况，有一部分信息，有可能只有你自己才最清楚，他人能给到我们的建议，通常情况下，可能都是没有基于这种信息的完整性而得出的结论。

这样的建议又怎么可能是正确的呢？

比如说，你向一个人询问建议："我快要毕业了，接下来该选什么行业，该找一份什么样的工作比较好？"

又比如说你让别人给你一点建议:"找男朋友该找什么样的比较好?"

在问这样的建议时,如果你期望的是对方直接给到自己一个结论,那么就很危险了,因为那一定是个错误的结论。

企业做经营决策、创意决策,也都是如此。我们在做决策时,通常最习惯的做法就是向人询问建议。

但是听建议的过程就要特别小心,我们可以集思广益,听取多数人的建议,但一定要明白不是所有人的建议和看法都有参考意义,有参考意义的建议可能少之又少,而最后做决策的,必须是你自己。

再讲回上面你应该选择什么样的行业、找什么样的工作的例子。要说真正的答案,它应该是基于你自己所擅长的专业、你的性格特征、你的兴趣或者是个人志向。

任何人都不能直接给到你结论,因为即使他了解你的一部分信息和环境,知道你在学校学的是什么专业,知道你的性格,他也不一定了解你的兴趣和志向,没法给出真正对的结论。

因此,如果有人直接给你结论,直接说某某专业好,你应该去做某某工作!对方的建议可以说就是不负责任的,虽然他的结论也有基于某个依据,但是他的依据是某部分信息。甚至是掺入了他自己对这件事情的价值取向，他的那些价值取向的标准，不一定是你的标准。

那听建议要怎么听呢？

听分析，听依据，听判断标准，听决策模型！

真正有用的建议，就是能给出一个相对客观全面的分析，能给出一个有依据的判断标准，或者一份决策模型。至于具体应该选哪一个，怎么样做决策，那就要看你自己的情况了。

所以哪怕是像哲仕这样专业做战略营销咨询、营销创意的公司，我们在给客户做方案时，也都是在尽可能全面充分地了解了客户信息之后，再根据我们自己的决策模型，得出一个建议性的结论，给到客户说："如果按照我们的方法，我们会建议你这样做！"

为什么是按照我们的方法会这样呢？因为和前面的例子里讲的一样，我们的方法里面还包括我们的价值取向，也就是价值观，客户有他自己不同的价值观，最终是不是要选择这样去做，还得由客户根据自己的情况做出决策。

这就是为什么讲决策者一定要自己做决策！

▶ **第二部分：决策要依靠决策模型。**

我们做战略营销咨询和创意工作，与其说是在给客户方案，不如说是在给客户提供决策模型。

客户企业在战略营销这个工作上，该怎么样去认识和理解这个工作，进一步怎么样去做判断、做决策，我们都能给到他每一个动作决策上的判断模型。

让他知道为什么要做？为什么要这样做？要做到什么样的标准才算达标？

比如在哲仕，我们自己内部有一个词语，叫作"创意指数"。

创意指数，就是我们为了判断一个方案有没有创意，制定的一系列参考判断标准。

如果还不太好理解，我再举个例子，就是比如我们说一个人怎样才算健康？健康是个比较模糊的词语，就像创意一样模糊。我们总不能说身体现在没有什么不舒服，就算健康，或者说现在感觉很轻松就是健康。

因此，针对一个人是否处于健康的状态，从科学的角度来看就需要制定一系列的指数标准，比如其中最常见的血糖指数、血脂指数、血压指数，都设定一个常规值，超过了那个值，就成了"三高"，我们就知道自己不处于健康状态了。

血糖指数、血脂指数、血压指数，就成了判断是否健康的指数。

创意也一样，所以我们说创意的目的是降低企业成本（前面的章节我讲过），这就是一个判断依据，这个方案有没有创意，你就看它有没有降低企业的成本。能降低企业的营销成本，就是这个方案有一个创意指数达标了。

然后在这个基础上，我们又为每部分的工作具体设定了"指数"，比如品牌定位的指数是否开辟了新市场、新需求；命名创意的指数是有没有好记和价值联想；LOGO设计创意的指数是有没有解决信息分类、降低记忆成本；产品开发的指数是有没有购买理由；包装设计的指数是有没有解决陈列优势问题、放大购买理由……

有了这些创意的参考"指数"，就能帮助我们自己的创意人员和我们的客户企业快速地对创意进行准确的判断和决策。

而在此之前，广告创意行业很多人自己都一直没法把什么是创意、怎样才算有创意这个标准讲清楚。觉得它好玩，可以说是有创意；觉得它新奇，可以说是有创意；觉得它和别人不一样、比别人高档、比别人有品位等，都可以说是有创意。

这些模糊的说法又怎样能给到客户企业提供真正有价值的建议呢？

26　满足旧需求不如发明新需求

营销的本质在于给出购买理由！这是我放在《超级购买理由》那本书封面上的一句话，不过我认为到目前为止，应该还是有很多人没有真正理解这句话的含义。

真正的营销不是去满足消费者需求，而是为产品设计出新的议题，为消费者创造出新的购买理由。这也是我一直在强调的哲仕方法的核心技术。

怎样为消费者创造新的购买理由？满足旧需求，不如发明新需求。

消费者的需求就像一种旧病，原本市面上就有治那种病的药，而我们不应该再绞尽脑汁去发明一种比市面上更好的"新药"来治那个病，那样做即使我们的"新药"发明成功了，也还要与原来旧药竞争。

而如果我们为消费者重新发明一种需求，则等于重新为消费者创造了一个购买理由，相当于创造出一片全新的蓝海市场。

举个例子，一个做青少年拓展训练营的机构，如果用传统的满足消费者现有需求的思维做营销创意，去寻思着怎样去满足顾客需求，就会绞尽脑汁去强调自己的老师团队和课程有什么什么优势，但是这种优势往往目标客户根本判断不了，甚至觉得和自己没什么关系。

但如果用创造新的购买理由的思维，去为训练营设计一个新的产品议题，就可以提出"戒游戏"的购买理由，这就是发明新需求。原本目标顾客没有让自己的小孩参加拓展训练的这个需求，但是现在我们为他设计了一个新的"戒游戏"的需求，一个新的超级购买理由，父母一看，就得把孩子送来了，很快就报名了。

营销的本质在于给出购买理由！这里的购买理由不是去说服消费者，而是直接跳开竞争，重新为消费者设计一份新需求，给出一个新的购买理由，甚至可以是创造一个全新的产业，让品牌自己成为这个需求的量身专供者。

哲仕为礼赞记设计的缓解焦虑的"喜颜开鱼胶"，也是这样的创意，是为传统的鱼胶产品，针对自己的目标顾客，设计了一个全新的购买理由。

记住，不管你从事的是什么行业，产品只是购买理由的载体，消费者为之买单的永远不是产品本身，而是自己的购买理由。没有设计好购买理由的产品，在一定意义上来说，就是从一开始就没有生命。

27 设计广告储蓄罐，实现产品互为广告、流量共享

包装即媒体，所有产品的包装就是企业的广告，而且是免费的广告。

现在我们要讲的是，怎样通过产品的包装设计来降低企业的整体广告成本。

企业经常面临的一个问题，就是随着企业产品线的丰富，每新推出一款产品，都需要进行一轮广告推广来让大家重新认识和记住它，这样很快就会发现，企业的广告成本越来越高。

不仅是企业的广告成本越来越高，随着企业的产品数量越来越多，包装的样式也越来越多，消费者记住我们产品的记忆成本也变得越来越高。

这种情况就属于没有解决企业的多产品之间互为广告、流量共享的问题。因此导致每多一款产品，都多增加出来一份营销成本。

产品之间互为广告、流量共享

我们一直在讲成本，根据哲仕的工作理念，所有的工作都是为了降低企业成本，产品的包装设计也是为了降低企业营销成本。

产品的包装设计，有一个原则，就是要实现产品之间互为广告、流量共享的目标。

什么意思呢？

比如我们有10款产品，本来每一款产品出来，都需要有一个广告宣传让大家认识和记住的过程的，但是我们要想一个办法，让他们不需要去为每一款新产品做广告，而是让消费者只要记住了我们的一款产品，看到后面其他的新产品时自然都认识，而且觉得很熟悉。

怎样做？可以用一个统一的符号打通所有产品，这个符号可以是三只松鼠品牌的那三只松鼠的卡通形象，也可以是像哲仕为憨宝有味品牌设计的"榴莲小宝"卡通形象。

目的都是为了实现产品之间互为广告的效果，即你买A产品的过程，就等于是在看B产品的广告。这样你的顾客只需要记你一个符号，后面你再多产品，他都自然熟悉。做到所有产品流量互通，新产品出来，只要符号往上一放，消费者就感觉是老朋友！

那个符号就像是企业的一个聚宝盆、一个广告利息储蓄罐，把企业的每一分广告投资都储存在了那个符号上面，后面不管有多少新产品出来，只要将固定的符号往上面一放，就自动享受企业前面所有广告投入的利息分红。

憨宝有味榴莲饼和榴莲千层的包装上面都有"榴莲小宝"设计，当你在买榴莲饼的时候，其实也是在看榴莲千层的广告，你在买榴莲千层的时候，其实又是在看榴莲月饼的广告，我们用一个榴莲小宝的卡通符号，打通了所有产品的流量。

这样消费者记住我们的成本就被大大地降低了，企业的大部分营销成本也就被节省了下来。

这里要特别提醒一点：有的企业在做产品的包装设计时，希望每一款都要做成不同的风格，他们有一个出发点就是求异，为了要做成和之前的东西不一样，每一款都不一样。最后是每一款都有自己风格了，但是却没了企业整体的风格。企业营销成本大增，消费者也记不住。

企业的产品包装设计，从什么时候开始找到自己的特定符号，才等于从什么时候开始有了自己产品广告的**储蓄罐**。

否则，在这之前投入的广告费，都无法形成累积，无法积累成自己的品牌资产。这正是为什么有的企业做广告越做越轻松，做到后面，甚至和消费者像老朋友一样了，只要照个面，就像老相识。而有的企业做广告，做了几十年，但在消费者眼里，始终是个陌生人，而且随着成本的增加，越做越吃力。

28 重新发明高汤：煨制高汤更鲜香

"煨足20小时，煨制高汤更鲜香！"

这是哲仕为安馨大厨调味品设计的品牌话语。

安馨大厨的喻总说："'煨汤'这个工艺和概念，我们在15年前就有了，但是一直没有把它拿出来讲，因为担心大家理解不了，没想到和哲仕合作之后，哲仕将我们15年前的一个工艺翻出来了！"

我说这就是最本心最简单的思路，咱们15年前居然就有这么个好东西在，而一直将它冷落在一个角落里没有讲出来，确实太浪费了！但是它不能叫"煨汤"，它的名字应该叫"煨制高汤"。

叫煨汤的话，一是会让人误解为是餐厅里直接喝的那种瓦罐煨汤；二是煨汤虽然会开辟一片新市场，但一开始就会面临考虑的大家理解不了的问题。

我们将它命名"煨制高汤"，它就直接站在了数百亿的"高汤"基础市场之上，开辟了一个自己全新的市场。

安馨大厨品牌主要的销售渠道是餐饮专业渠道，比如现在我们还原一下调味品采购场景：餐厅厨师列出调味品采购清单时，"高汤"就会以品类名被写在上面了，采购员在采购时就只会在"高汤"的品类下选择不同的牌子而已，如果他看到的产品是"煨汤"，就会直接过滤，因为"煨汤"在大家的理解里立即会自动匹配到传统的成品汤"瓦罐煨汤"上去。

而"煨制高汤"，就会不一样了，你一听，它是高汤，又是调料，是一种不一样的高汤！

具体怎么不一样？"煨足20小时，煨制高汤更鲜香！"这个时候安馨大厨的购买理由就出现了。

我们没有创造新的消费需求，而是在本来就存在的百亿大需求里面，直接给出了一个独有的购买理由。

不管是厨师还是采购者，在看到这句话的时候，他们不仅不会存在以前大家顾虑的不理解的情况，而且会让他们一听就觉得对！

特别是厨师，对专业厨师来说，"煨制"工艺都了解，煨制的汤由于煨制时间长，能让食材中的蛋白质充分分解，氨基酸含量更高，因此"煨制"的汤比普通的汤更鲜！唯一的缺点，就是需要的时间太长。

现在看到"煨制高汤"这个产品。"煨足20小时，煨制高汤更鲜香！"一个更鲜香，一个煨足20小时，判断的结论和依据都有了，还有什么好犹豫的。

喻总是个有大智慧的企业家，在哲仕给安馨大厨的第一次提报会议上，工作组汇报到一半，他就说："我真后悔现在才找到哲仕，要是再早几年，也不至于浪费这么长时间呀！"

说喻总大智慧，是他愿意接受一个"旧创意"，如果换成其他的人，对方可能就会不愿意再听，他会觉得我花钱请你们来，你居然找到一个我自己15年前就想到过的思路，那还用请你们来告诉我吗？你们是来逗我的吗？

愿意接受"旧创意"，就是哲仕的"永远以最终目的为向导"！做事情不偏离目的，只求解决问题，只做对的，不求新的，这就是一种最大的智慧。

这样只问对、不问新的创意，在安馨大厨的身上还不止这一个，还有一个小故事，曾经在网上我也和大家分享过，就是安馨大厨的牛肉酱产品那句"一斤牛肉炒一斤酱"的话语，也是我们的同事在对方原有的资料里面发现了这句话，然后我们把它放大了，拔高了。

原本只是一句产品资料里的话，我们现在将它放大做成了整个牛肉酱的产品话语。我特别跟设计师说，这一句就是正确答案！不要为了去追求自己新创意而去搞新东西了。

后来终于这句话保留了下来，不仅保留了下来，设计师还为了放大这句话的创意，在安馨大厨牛肉酱的产品系列包装设计上设计了大大的"1：1"字样，作为产品特有的符号，强化了这个创意。

大家都觉得创意难得，实际在我的工作生涯中，我更感叹企业老板能始终保持本心，保持最终目的思维去判断创意，这比创意本身还要难得。

很多时候不是找不到真创意，而是企业老板没有分辨真创意的能力。营销创意公司能做出真创意是本事，能遇上具备分辨真创意的能力的客户，那更是一种运气！也只有遇上这种运气，营销创意公司才能诞生伟大的创意。

一定要珍惜这种运气。

29 除了解决消费者为什么买，还要解决销售者为什么卖

消费者和销售者，是我们思考营销的两个视角，消费者为什么要买，是消费者视角，渠道商为什么要卖，是销售者视角。

很多企业就在这个位置犯了一个认识上的错误，认为营销只需要解决消费者的问题，而往往忽视了销售者为什么要卖的问题。

在讲消费者和销售者的两个视角之前，我们先来问一个问题：到底是有人愿意买就一定有人愿意卖，还是只要有人卖就会有人买？

这是一个企业必须认识的问题，但它就像是一个到底是"先有鸡还是先有蛋"的问题一样，永远没有单一的答案。

如果单纯地站在正常的买卖关系上来说，只要有人买，就不怕没人卖！但是这里面还有一个条件，卖的人为什么要卖？是因为产品能让他赚钱。

比如你购买一瓶饮料是因为它的味道你喜欢，但卖那瓶饮料的人，绝对不是因为喜欢它的味道；你会因为一个洗发水好用而买它，但渠道绝对不是因为那个洗发水好用而卖它。

渠道选择卖一个产品，是因为它能为自己赚钱。

拿一个产品基本的画册设计来举例，产品的广告和宣传手册就必须有两本不同的手册，一本叫品牌宣传手册，一本叫品牌招商手册。不过到现在，还有不少企业的品牌画册就一本，不管是给消费者还是给经销商，都是同一份资料。结果是对方看了半天，也看不到自己最关心的诉求。

我们讲买卖的关系，这里我插一个美国营销专家劳特朋(Lauterborn)提出的思想，就是在他看来，产品定价时，应该暂时忘掉定价策略，只要了解顾客满足其需求与欲望支付的总成本；暂时忘掉渠道策略，先考虑顾客购买的便利性；简单来说，劳特朋的思想就是"只要有人买，就会有人卖"。

但是这个思想真的完全准确吗？基于上面的例子，很显然是不正确的。虽然考虑顾客想法是营销策略永远都不能脱离的要素，但是就产品定价这一环节来说，正确的做法并不应该是完全以了解顾客的需求和愿意支付的成本来考虑。

有人买，并不等于直接解决了有人卖的问题。因为卖的人和买的人诉求不一样。

不仅不是有人愿意买就代表了有人愿意卖，而且就仅在消费者角度，产品的价值也不是一个固定的标准，而是取决于产品给到自己的购买理由是什么。

消费者愿意买和销售者愿意卖之间，夹着一个"定价"在中间，产品的定价决定了产品的利润空间，利润空间决定了销售者为什么要卖，决定了这个产品能选择什么样的渠道。

这就是渠道的本质，渠道的本质是利益分配！

产品的利润空间和企业的利益分配机制决定了产品的渠道。

因此，直接单纯地了解"顾客愿意支付的成本"的定价思想，就大大局限了定价在营销中的功能，定价真正的功能不是思考消费者怎样买，而是要思考销售者如何卖。

定价要解决渠道商的利益分配问题，解决渠道商的赚钱需求。

现在再看定价和渠道的关系，有的人可能就会简单地理解成那就是要把产品的定价尽量往高了定呗，产品定价高了后，有足够的利润空间去给到相应渠道环节的分配，大家自然愿意卖这个产品。

但是如果你单纯这样想，又会马上遇到另外一个问题，定价高了，消费者为什么要为你的高价而买单呢？如果消费者不愿意为产品的高定价买单，即使你设置的利润空间再大，给到渠道商的利益分配机制再理想，消费者不愿意买单，产品卖不出去，渠道商照样没有利益，照样无人卖。

我想这也是劳特朋提出在定价时应该"考虑顾客买单成本"的思想逻辑。

而完整的产品营销设计，必须同时解决销售者为什么要卖和消费者为什么要买的问题。

"考虑顾客买单成本问题"要解决，但不是在价格环节解决，而是在购买理由上面解决。

产品定价决定了渠道选择权，决定了销售者为什么要卖，而产品的购买理由决定了消费者为什么要买，为什么要为你的高定价买单。

这其实又回到了罗姆·麦卡锡在20世纪就提出了著名的4P理论，即营销基础4大策略组合：产品、价格、渠道、促销。

价格是用来解决渠道的，定价定渠道，定价定天下，产品的定价决定了可以给到的销售者的利益分配空间，决定了产品能出现到多少地方。

产品是用来解决购买理由的，所以我们说产品开发就是开发一个购买理由。营销创意也是从产品开发环节就开始了。消费者愿意付多大的成本，取决于产品给到的购买理由是什么。

同样的产品，消费者会为不同的购买理由支付不同的价格。

很简单，一是不同的顾客心里会有不同的愿意接受的价格；二是即使是同一个顾客，面对同一个产品时，不同的购买理由也会产生不同的愿意支付的成本。

同时，不同的购买理由，又决定着产品不同的消费群，反过来又影响着产品渠道的选择。

有买才有卖，有卖才有买，销售者和消费者相辅相成，是产品营销需要思考的两个缺一不可的问题。

我们所有的营销工作，在做营销创意的时候，都逃离不开在4P里的这四个变量上做调整。每一个变量都在营销中发挥着它不可缺少的功能。

30　成为下游企业的咨询家，成为顾客在该项需求上的梦想化身！

生产碳酸钙的企业，应该研究并教做牙膏的企业怎样做好牙膏；做牙膏的企业，应该研究并教消费者怎样更好地保护好口腔；口腔医院应该研究并引导人类如何实现更健康和长寿。

企业永远要做下游的咨询家，并且在它的领域成为梦想的化身。这是每一个企业的责任和成功之道。

企业要永远深入研究自己下游公司的生意，为下游企业提供更先进的发展解决方案；要深入了解顾客在自己产品和服务上的终极梦想，并以此作为企业的责任和使命。

比如说，做餐饮调料的企业，不能把责任仅仅理解为就是开发出好的调料，更关键的，还要想办法为你的调料产品开发设计出对应适用的菜品和菜式。

你说研发菜式不是餐厅的工作吗？没错，这就是为下游企业设计方案，我为餐饮企业设计出来一道特色酸菜鱼，然后让自己的调料成为做这道酸菜鱼的重要角色，调料公司就不仅仅是餐饮企业的供应商，更成了这个餐饮品牌的重要技术咨询公司。

而对餐饮连锁企业来说，开放加盟，你也不能仅仅做好一套品牌形象的规范和一份标准调料的供应，让下面的加盟餐厅按照这个标准去做就完事了。

餐饮企业必须为加盟商设计出真正的发展计划和盈利方案，包括全方位的系统培训、人才储备、促销方案、服务标准等。

你如果认为这些都应该是加盟商自己动脑筋的事情，那就不算是一个及格的餐饮企业。餐饮连锁企业的责任和成功之道，就是要成为加盟商的咨询公司，对方加盟你，就是要你的经验，要你的方案，要你带他在这个事业上做好这份生意并赚到钱。你必须成为下游的良师益友，成为他们事业的系统咨询家。

特别是作为B2B（商对商服务）类型的企业，我一直说："你必须懂对方的生意，并且在对方的生意上，至少有一方面要比对方有更高一层的认识，不然你就服务不好对方，你也没有和对方对话的能力。"

而对B2C（企业对消费者）类型的企业，对直接顾客来说，企业的角色设定就应该是消费者在该领域的梦想化身。

回到前面讲的牙膏和口腔医院服务，消费者买牙膏的终极梦想是拥有完美健康的口腔，所以做牙膏产品的企业角色，应该是口腔健康专家！大家买一个口腔健康专家的牙膏，就是等于买一份整体的口腔健康解决方案，这就是最大的购买理由。

而真正的口腔医院，看上去是做口腔健康解决方案的，但消费者在该领域的梦想是健康长寿，拥有一口好牙只是目的，顾客在口腔健康方面的终极需求是长寿。因此口腔医院的角色不能仅仅是口腔专家，而应该是人类长寿专家。是为人类提供将康长寿解决方案的咨询组织。

再回到餐饮产业，前面已经讲到调料企业和餐饮连锁企业，现在继续说餐厅的经营，有人会说一个小小的餐厅，怎样成为顾客该项需求的梦想化身或者是整体解决方案专家？

当然可以做到，大家用餐的需求肯定不仅仅是吃饱，而且不仅仅是吃到好味道，还要的是一个整体的用餐体验。餐厅也可以在顾客印象中成为菜式上的专家，餐厅服务员也可以成为顾客的美食顾问，让顾客体验到顾问式的用餐服务，感受到每一道菜不一样的用餐体验。

同样是吃火锅，不同的餐厅就能给顾客不同的体验，这种体验排除口味不说，仅从餐厅服务员的服务上就可以体现出来。服务员也可以成为专家，成为顾客在吃某个菜上面的专家，给到顾客不一样的用餐体验，获得顾客更大的尊敬和赞许，让顾客体验完之后感觉你家的火锅更专业。

成为顾客在该项需求上的梦想化身或者整体方案解决专家，是企业角色设定的标准。

基于上面两条，我们现在再回过来设计企业自己的产品时，就应该重新认识：企业的产品设计不是为企业自己设计一个产品，而是为自己的下游设计一套他们发展需要的解决方案，下游还有下游，所以，如果我们的企业是一家B2B企业，在做服务时，我们的产品则应该帮助我们的客户服务好他们的客户！

31　无痕的美，美的梦想化身

品牌要在自己的领域成为顾客梦想的化身，这是每一个企业的责任和成功之道，下面我们就具体来讲一个成为梦想化身的例子。

哲仕有一个客户叫凯色丽，是做半永久纹绣培训的，从2017年成立之初就找到了哲仕合作，公司发展很顺利，到2019年凯色丽就已经是一家在广州、肇庆、湛江、广西、美国洛杉矶等均设立了分校区的素颜定妆行业里的标杆企业。

2019年3月，凯色丽计划创建自己的半永久纹绣品牌，所以很自然地，新的"K尔半永久纹绣"品牌建设与定位工作，再次找到了哲仕合作。

半永久纹绣属于美容市场中新生的朝阳行业，但我们从营销的角度去看，则更愿意准确地把它理解为是美业的一个概念，特别是单独地讲"半永久"，更算不上是一个独立的行业。

作为美业产业里的一个概念，美业产业的底层动力是什么？就是人们对美的那种永无止境的追求！

人们对美的追求，远远超过了我们的想象，并且，这种追求永远不会停止，只会随着美业品牌不同的阶段，给出的不一样的概念，引导人们在追求变美的过程中，发展不一样的需求！

那么，在"半永久"这个美业的细分概念里，人们在追求变美的过程中，有什么样的愿望或者要求？人们对效果很担心！

人们追求美的本身是永远都不容置疑的，但人们对变美的过程与形式的接受程度却有着心理障碍！我们如果把变美的形式从最开始的梳妆、化妆，再到美妆、微创、整形……作为一个人们追求美与接受变美形式的过程来看的话，可以发现，每一种变美的形式，人们从拒绝到尝试再到接受，犹豫的从来不是变美本身，而是对变美形式与效果的担心。

这就是美业服务消费者的最大心理矛盾。所以哲仕很快为

"K尔半永久纹绣"品牌找到了顾客心中的那个超级购买理由，就是解决人们变美过程中的这个最大的心理矛盾。

▶ "K尔半永久纹绣"品牌的超级购买理由建立

人们从来不拒绝变美，但不希望别人看出我变美的痕迹。我们在工作中也做过一份相关调查，据调查结果显示，在以纹绣消费意愿与顾虑的调查问题中，收集到的主要是以下几点考虑：

1.担心做出来的效果很假、突兀；

2.担心不自然；

3.担心疤痕体质会留下伤疤；

4.担心容易褪色、变色。

调查的结果和我们前面的推论几乎完全吻合，所有的顾虑都属于对效果的担心。

我们把它总结为这很大程度上来自人们对"假"的排斥：一个绣了眉毛的人，她是不希望他人看出纹绣的痕迹的！我虽然非常希望变美，但担心如果变出来的美不自然、痕迹很明显，则像是在向朋友们宣示我不是真正的美。

　　这个心理在美业服务中都普遍存在：化了浓妆的人，会倾向于说自己只化了淡妆；化了淡妆的人，想说自己是素颜；整形的人，当然也希望大家看不出她整过形。这是人们在追求变美的过程中，最大的心理矛盾。在我们找到这个美业市场的终极消费心理矛盾后，我们便很快找到了K尔品牌的超级购买理由：

　　K尔=无痕纹绣开创者，提出"无痕纹绣"概念，奠定无痕纹绣开创者身份！

　　无痕，就是我们在美业市场中为K尔设计的一个超级品牌标签，它是一个概念，是直接解决人们对变美形式与效果心理矛盾的超级答案。

　　无痕，就是美的梦想化身；无痕，就是解决了消费者变美的一切顾虑；无痕，就是K尔品牌区分同行的差异化概念；无痕，就是专业的具体化，但比"专业"有力量一百倍！

　　在此之前，半永久纹绣的市场上几乎所有的品牌宣传，都是用"专业"这个词在强调自己的优势。但是在哲仕看来，"专业"是一个特别模糊的词，甚至是一个废词，因为消费者不知道"专业"是什么意思。

　　而K尔提出的"无痕"，便是一个消费者一听就懂，甚至一听就能想象得到最终效果的超级购买理由！这就是"无痕"这个词语的力量。品牌占住一个词语，就是占住它对应的整片江山。

哲仕为K尔设计出"无痕纹绣"的概念，其背后的原力还不仅仅是一句品牌话语那么简单，而是将为K尔在纹绣行业开创一个新的概念，它将引领和成为整个美业的趋势与概念。

正如在2017年美容行业的"秀域"品牌率先定位提出"科技美容"的概念一样，在整个美容行业实现了一次品牌概念营销的巨大成功，而且，从2017年开始，到2018年短短一年的时间之内，掀起了美容行业"科技美容"的全行业风暴。

难道真的是秀域在美容行业比其他品牌更具科技吗？并不是！秀域品牌只是提出了一个没人说过的概念，以科技的规范性、先进性来打消消费者对于美容效果的担忧，这就是解决消费者心理矛盾的原力所在。

"无痕"是给消费者在追求变美这件事情上提出了一个具体的标准概念，K尔品牌要引导消费者开创一个对纹绣专业度的标准概念——"无痕纹绣"。

其实，也不是K尔提出了无痕，而是人们对变美的最大愿望就是无痕！人们对美的梦想化身就是无痕！

哲仕只是帮助K尔找到了这个答案，并将它为K尔品牌所用。当大部分美业品牌都在劝说消费者追求美的市场时，K尔对变美提出了新的标准：要美得无痕迹。

一开始我们就说了，人们对美的追求不需要任何人去劝，我们要做的，仅仅是需要给消费者提供一个为什么要选择K尔品牌的超级购买理由！无痕，就是那个人人一听能懂，一看就能想象到结果的超级理由！

哲仕在找到了K尔的"无痕纹绣"定位与概念之后，还进而为K尔设计了"无痕的美"的品牌超级话语！我们说它是超级话语，一点都不夸张，因为"无痕的美"非常简单的4个字，即把人们在美业消费这件事情上的最大追求"变美"与最大心理矛盾"担心不自然，担心假，担心有痕迹"解决了。

"无痕的美"就是K尔的超级购买理由，也是人们在追求美这件事情上的最大梦想！

正如消费者在选择任何消费的时候都会有一个选择标准，牙膏会有美白、防蛀、防过敏等相应的功能或者标准去进行选择；选择牛奶会有高钙、低脂、脱脂等。无痕的美，就是未来人们追求美的标准！

32 方案有没有价值，取决于往后看了几步

哲仕在给仁·英雄白酒服务时，给仁·英雄的白酒产品设计了"一闻知真假，敢说真纯粮！"的产品话语，这句话的创意是基于在白酒行业我们帮助仁·英雄往后看了几步所得出来的。

首先是我们在基于白酒消费市场香型的变化中，看到了"酱香热"，越来越多的从之前喝白酒习惯喝浓香、清香型的消费群体，在这一两年开始转为提倡喝酱香型白酒，更出现了"懂酒的人都喝酱酒"的说法。

其中的转变因素是多方面的，有因为以酱香为代表的茅台品牌崛起的影响，也有因为消费者对健康饮酒的消费意识在不断提升，因为酱酒的粮食酿造工序在消费者那里形成了它比其他香型的白酒更健康的一种认知。这是第一步。

"酱香热"决定了酱酒的消费需求市场的快速增长，而我们通过对酱酒酿造工序的了解，发现酱酒的酿造周期和它对产地的要求都比其他香型高得多。酱酒的酿造周期就需要一年时间，而且酱酒的优质程度和它在被酿造出来后存放的时间有直接关系。

所以优质纯粮酿造的酱酒产量，必定存在满足不了这种"酱香热"的消费需求的快速增长。这就决定了真正的酱酒的供需市场，在接下来市场上，一定会有供不应求的情况出现，而进一步会催生很多劣质甚至假冒的"酱香型白酒"在市面上出现，这是所有行业的市场规律。

酱酒消费市场的消费者，在买酒时开始越来越担心买到勾兑的伪冒假酱酒。这就是我们在酱香型白酒市场往后看到的第二步。

我们看到了接下来劣质假冒酱酒的市场乱象出现之后，又进一步看到了消费者对辨别真假酱酒的需求。

所以"一闻知真假，敢说真纯粮！"就是在基于这样的白酒消费市场背景下发挥着它的巨大威力。

一闻知真假，一句话解决消费者无法辨别优质酱酒的消费顾虑；一闻知真假，同时也是最快地给消费者服下一颗定心丸，让消费者更简单、快速地做出行动。

敢说真纯粮！是在打消消费者疑虑的同时，进一步强化自己的纯粮酿造工序特征；真纯酿，一方面是强化自己是真的，另一方面是反过来提醒消费者小心市面上有假的。一正一反，再加上前面的半句"一闻知真假"，消费者就能做出选择了。

工作做到这里还没有完，聪明的人应该已经想到了，这句话虽然非常好，但是怎样来实现和仁·英雄品牌绑定呢？也就是说，怎么样让这句话成为仁·英雄品牌独有的话语，怎么样让这句话从我嘴里说出来就威力巨大，而同样这句话，从别人嘴里说出来就没了效果。

于是，基于这个话语，我们倒推回去又给仁·英雄的产品做了产品命名的创意，我们将产品根据价格等级设计，分别设计出了"闻酱""闻意""闻道"三款酒，从产品名称开始，一下就和话语呼应了起来。不仅解决了产品的等级问题，而且还将"闻"这个字作为一个招牌符号，成为产品自己的体验设计！后面我们还为它设计了一款"喜闻"酒，专门针对喜宴市场。

一闻知真假，一闻知优劣，仁·英雄在营销中教大家怎么辨别酱酒，怎样不买到假酒，这也是我们给仁·英雄的品牌角色定位设计：成为中国优质酱酒领域消费者的首席知识官、咨询家。

在自己的领域，你能不能干好，就取决于你能不能看到后面的几步，你能往后看到两步，你现在就能知道怎么做是正确的，能往后看到五步以上，你就将会领先绝大部分同行。

大家都知道，下棋高手和新手的区别，就在于高手看棋局，看的不是当下这一步，而是后面的好几步他都看到了。我听说象棋高手能看到七步以后，新手看到的却只是下一步，人家看七步，你只能看一步，结果自然不用再说。

企业在看问题和做判断时，也需要这种往后看几步的思维，企业老板听方案，不要听这个方案有没有"道理"，因为道理太广泛了，很多有"道理"的东西不一定有价值！我们判断一个方案行不行，有没有价值，就看它有没有往后看，是否看到了未来？

能往后看三步的人和只能看到眼前这一步的人，不能在一起开会，因为他们永远无法想到一块儿去，剩下的只能是无结果的争论。因为能往后看三步的人，他知道那个只在当前一步上争论的人的问题出在哪里。但只能看到眼前这一步的人，他听不懂能往后看三步的人的话。

常 识

第 三 部 分

01　广告学没有绝学，都是常识

如果要说广告学的绝学是什么，我认为就是常识。

什么是常识？就是只要你作为一个人，就都应该，或者说是都会具备的基本知识和认识。我在《超级购买理由》一书中专门有一节叫《常识的力量》，我强烈推荐大家去看看，因为它一定会对你有帮助。

人们绝大部分的行为都是由常识左右，但大部分人却又都忽视着常识的力量，认为常识这东西，人人都知道，不新鲜、不值钱。

北宋大家张载说"为往圣继绝学"，往圣的"绝学"是什么？其实都是些做人的基本学、常识学，只是后来的人把这些圣人总结留下的基本学、常识学都慢慢给忘了。

原因也很简单，道高一尺，魔高一丈嘛，历史总会出来很多沽名钓誉和标新立异的人，基本的常识总会被不断混淆，不断失传。

而"常识"成了稀缺品。就需要有人重新去整理和警醒。又需要仁人志士，为往圣继常识。

广告行业也是如此，广告学的概念和创意，一直在不同时代以不同方式被解说，其本质原本就是简单的一两句话——让顾客买我们的东西。

所以一直在强调"常识"的哲仕方法，用我们的客户仁·英雄品牌的胡总的话来说，就是"李辉总喜欢说大实话"！

所谓"广告创意"，哲仕一直在强调：是调用人们的"常识"，调用人类集体潜意识里固有的经验，向人们提供一个超级购买理由。就是这么简单，集体潜意识里的固有经验是什么？不就是"常识"嘛。

只是在一个价值认同多元化的时代，大家在做创意时，为了标新立异，做出不一样的东西，衍生出了很多多余的思想和糟粕，广告学的"常识"就慢慢在这个行业里变得稀缺。就像法国哲学家笛卡尔说的："研究成果离常识越远，虚荣心得到的满足感就越大。"

广告学没有绝学，全是常识：一是做创意的人永远要记住，广告工作本身的常识就是让顾客买我们的东西；二是我们的创意要调用常识，要想让顾客买我们的东西，最有效的方法就是调用顾客自己经营里的常识，让常识的力量使顾客行动。

02　广告术不是辩论术

关于对广告的认识，除了上一节我讲过广告学即常识学，现在我们还有一个题目，叫"广告学不是辩论学"。广告的原理不是说服消费者，广告的目的也不是追求真理和真相，广告的目的是直接召唤消费者行动。

广告学的上一层基础学科是修辞学，之所以中国的广告和营销咨询行业还非常落后，我认为这和修辞学在中国也还处于比较初级的阶段有很大关系。中国的广告公司和营销咨询公司都还需要加快学习。

我们大部分人对修辞的理解，还停留在"修饰文辞"的阶段，比如你经常会听到有人拿自己的广告文案或者产品说明类的文字跟人说："你文采好，你帮我润色润色！"什么是润色？就是希望你将文字和语言修饰得更美一些。这就是目前大部分人对修辞的理解了。

而真正的修辞，亚里士多德说有三种。

第一种是语言的华丽和优美，大家一听上去，就觉得这段话很美，觉得讲这段话的人文采很好。就如我们经常在一些晚会上听到一些精彩的致辞和发言，还有一些节目或者典礼上主持人的话，显得特别有才华。

第二种是强调语言的逻辑性，一环扣一环，让你觉得他讲的话很有道理，很合理。就如律师的辩护演讲，强调的是逻辑和真相，目标是说服。

第三种是注重话语的鼓动性，是目标明确的召唤，这样的话让人听了后就不自觉地会按照它的指示行动，就如很多优秀的政治演说，参选者为了给自己拉选票的那种演讲，都属于这类。

看到这里，大家应该知道我们的广告学是属于哪一种了，广告就是第三种。广告的本质就是鼓动，是为自己的企业或者产品赢得消费者，是直接召唤其行动。

为什么第一种文饰类型的广告没有用？因为广告的优美只能让消费者接收到这个广告很美的信号，如果要再进一步，就是感觉这个广告的创造者很有才华。

就像你听一个主持人讲得再精彩，你只会称赞他很有才华，而不会因他讲的内容而行动；一个油嘴滑舌的人在你面前讲完一番之后，你感觉他这嘴巴真厉害，并回应一句"你真会说话"，也就意味着他说的内容并不会让你去行动。

第二种辩论式，追究逻辑的广告，这是一种追求真相的广告，我曾经说过试图和消费者辩论真相的广告，都可以说是智商不足的广告，因为广告如果要追求真相，得到的结果压根没有人相信。

广告和辩论的区别就在于：辩论可以分多步让人们支持一种事物，而广告我们必须一步就让人们做出行动！所以真正的广告术不是辩论术，而是鼓动术，是唤醒大家的集体经验，是直接召唤行动。

这里我必须特别讲一下美国总统特朗普，我一直认为特朗普赢得竞选当选总统是再正常不过的，因为我觉得特朗普是我目前见到的最懂修辞术的总统了，他的演讲没有太多逻辑，更没有什么华丽的句子，他就是死死抓住能让选民愿意付出行动的部分讲。因此我说特朗普简直就是个最厉害的广告高手。

比如特朗普有一些最近的记者问答会上的视频在网上流传，网友笑他答非所问，那都是大家没看懂，这恰恰是特朗普最厉害的地方：我永远只说我自己的议题，不管你们问什么，我都会绕到我的议题上面来，并重复"在我的领导下……"，如果记者要问对我不利的议题，我就喊"下一位"，如果对方还要强行问，我就走人！

大家觉得这是个搞笑的总统，我倒觉得这是个深谙传播之道的总统。

03 从来没有人相信广告

从来没有人真的相信广告，除非他傻！

那有人要问，既然没人相信广告，为什么还要做广告？做广告还有什么用？

因为做广告的目的，也从来不是让你相信广告上面说的话，而是直接让你行动。

这也是我们在前面强调过的，广告要么直接给结论，要么直接下指令！广告的目的不是跟消费者辩论，也不是为了说服消费者，因为广告也无法说服消费者。

"怕上火，喝王老吉"，消费者不是真的相信王老吉去火，它也不需要消费者相信，它只是在消费者想喝饮料时，给了消费者一个上不上火的议题，然后直接下指令，让你喝它。

"经常用脑，多喝六个核桃"，核桃补脑？大家都知道核桃和脑除了像之外，没有任何关系。你经常用脑，也是品牌给消费者设定的一个议题，你触发到这个议题，只要你心理感觉自己就是经常用脑的人群，就卷入了进来，就被广告验证上了。

而关于到底核桃补不补脑的问题一点都不重要，你也不想费脑去纠结，重要的是你现在想喝个饮料，他在这个时候把你卷进来，并告诉了你可以选择喝它，你不需要相信它，大部分消费者只要不是有意识地想要证明它这样说不对，就都可能会听它的指令行动。

广告的原理就是让消费者卷入到自己的议题，并在自己的议题上直接给出结论或者指令。关于议题设计的原理，大家可以在本书的"广告的原理级策略：议题设计"章节详细了解。

议题设计的时候，还可以基于大家的文化和观念，调动消费者自我经验，消费者不是相信广告，是相信自己的经验；下结论或者下指令，是帮助消费者做判断、做决策，议题呼应上消费者自己的经验还不够，还需要广告直接帮他做出决策，帮助他验证他的判断，肯定他的决策。

所以这也是为什么广告要公开打，要在人多的地方打，人多不仅仅是为了广告的受众多，更重要的是人多就是见证者多，见证者多，消费者就更敢相信，行动的底气就足，就敢直接按照你说的去做。

既然从来没有人真的相信广告，那么我们平时在做广告创意的时候，也就不需要去纠结广告内容的真相性，有的企业做广告方案的调研，拿着广告去问大家这样的广告信不信？这就是属于典型的问错问题，你问人家这广告他信不信，人家回答你信才怪，就像前面说的，傻子才相信广告。

在哲仕的服务中，我曾经还遇到过这样一个客户，我们设计一条广告语给对方，对方在看完创意后问哲仕：凭什么消费者就一定要相信这条广告上说的？要我们证明消费者一定会信。我说我们证明不了，消费者怎么可能信广告？但我们有信心让消费者看到我们的这个广告后能行动，他能自己做选择。这才是我们创意的目的。

04　广告要让外行也一看就懂

广告不是做给同行看的，更不是做给内行看的，广告更多时候是做给外行看的！

任何广告创意，不要假设消费者和你一样对你卖的产品有丰富的经验。

而应该反过来，要假设对方是一个对你的产品什么都不懂的人，他第一次听你介绍这种产品，也能快速听懂你说的并愿意购买，这样才是有效的广告。

被奥格威称为最具有创造性广告人的霍普金斯，在他的《科学的广告+我的广告生涯》一书里有这么一段关于喜力啤酒广告的故事：

有一天，霍普金斯在出差途中的火车上遇到一个做啤酒的老板，对方说他正在四处推销他的啤酒，但根本没效果。

霍普金斯听完后，给了对方一个建议："应该把你的产品卖点先提炼出来后，再做宣传。"

没想到对方想都没想就强调："呵呵，一瓶啤酒还能有什么卖点？都差不多，我的啤酒没有任何卖点，和所有的啤酒都是一样的……"

霍普金斯说："不会的，任何产品都可以有它独特的卖点。"

两人一较劲，霍普金斯干脆跟着对方去了解了那家啤酒厂的整个生产过程。

在参观了解的过程中，他对其中工人们往酒瓶里吹入高温纯氧、用深井下四千英尺的纯净水生产啤酒的这个环节印象很深。

于是惊讶地问这个老板："你为什么不宣传这些事呢？告诉

别人你的啤酒比别人的更纯？"

老板还是一脸呵呵的表情说："所有酿造啤酒的过程都是这样的。你太不懂啤酒了！"

霍普金斯回答，如果你能按照我说的，把这些写出来，绝对会让每个人都吓一跳。接着，他又给对方写了一句广告话语：每一瓶啤酒，在灌装之前，都要经过高温纯氧的吹制，才能保证口感的清冽。

"纯氧吹制，口感更清冽！"就成了这款啤酒的卖点和广告创意。没想到的是这个啤酒的老板觉得这太可笑了！

他说："你太不懂啤酒这个行业了！纯氧吹制，所有的啤酒都是这么制作的，这是全行业标准的生产工艺呀……我们如果拿这个创意做广告，会被人笑死的，但凡做啤酒的人都知道这就是一个啤酒生产的幼儿园技术。"

霍普金斯看到对方不开窍，非常生气地说："咱们打个赌，我出钱打广告，如果赚了钱，你把钱还我，要是没赚钱，这广告算我白送。"

最后这个啤酒大家都知道，就是喜力啤酒。这个广告创意让喜力啤酒的销量在短时间内从美国市场的第五名跃到了第一名。

　　这个故事虽然已经过去80多年了，但还是有不少企业对广告的理解依然停留在喜力啤酒厂在火车上推销啤酒的思维层面，他们的产品营销又怎么能不陷入僵局？

　　回到广告不是做给内行看的话题。

　　产品真正的消费者，通常大部分都是外行，而不是你的同行，同行怎么看你的广告创意不重要，消费者能否看懂你的广告才重要。普通消费者看产品和内行看产品是两个完全不同的角度。

　　某二手车交易平台的广告语是："没有中间商赚差价！"这时候很多同行就在网上跑出来嘲笑了："你自己不就是中间商吗？"但是结果呢，这句话消费者却很买账。

　　因为消费者很简单，"没有中间商赚差价"这句话就是代表着消费者的利益，代表着二手车交易的最低成本，它能唤醒消费者对二手车交易的美好情绪，这就够了。

　　而如果站到内行的角度去思考，这句话就不成立，甚至和事实似乎有矛盾。普通消费者看重的点，内行人容易觉得它太低级，甚至是太可笑，而被忽视。

　　而往往那些内行人自己觉得厉害的点，外行人却可能看不懂，甚至觉得和自己没什么关系，这就是为什么很多看上去很高级的广告，消费者却不买单的原因。

广告创意要假设听的人是第一次听说这个产品，他听了后也能觉得这个产品好，并愿意购买它。这样的广告卖点创意，需要我们站到外行的角度去寻找，这就是哲仕说的广告不是思考如何帮助企业卖产品，而是思考如何帮助消费者买产品。

而一旦你站到消费者如何购买产品的角度思考，就会像霍普金斯说的那样：任何产品都可以有它独特的卖点。

---

05 **"酒香不怕巷子深"，自己的酒足够香吗**？**别人的酒不香吗**？

"酒香不怕巷子深"，这句话害死了不少企业，特别是中小企业。不是这句话本身不对，是这句话里面有两个问题你可能没有思考过。

一是自己的酒到底是不是真的足够香了？二是酒香不怕巷子深的前提，是不是只有你一个人的香，别人的都不香？要是别人的也和自己的差不多一样香，你的香就不算香。

我们先讲来第一个问题，自己的"酒"到底是不是真的足够"香"？

这里要重点讲一讲大家最常说的一个词，叫作"产品同质化"，这个词最近几年不管是做什么行业的企业都在讲，让人的感觉就好像他们已经把产品做得非常好了，而且意思是整个行业都非常好，非常同质化了，已经无法再从产品和服务上做出区别了一样。

在我看来，说这种话的人其实恰恰都是没有将产品真正做好的人，自己要么是不想，要么是没有能力在产品上下功夫。没心思认真做产品，而是习惯性跟着大家认为的"产品同质化"。

实际上，产品同质化就是个伪命题，真正在产品上下功夫的企业，他们不仅不会认为自己的产品被同质化，而且都很排斥说自己和同行的产品同质化。

因此，酒香不怕巷子深的第一个前提，就是自己的酒一定要香，这个香就是在产品与服务真正做到远超同行的基础，也不用担心同质化问题，关于产品的质量和服务，其实永远没有同质化一说，因为产品的质量问题永远有解决不完的问题在等着你，就看你是不是愿意或者有能力去那样做。

举个最简单的例子，就说餐厅的菜品，一道酸菜鱼，很多餐厅就说现在酸菜鱼在成品上其实都做得差不多了，感觉自己成品方面是没有什么问题了，反正餐厅若经营不好，他也不认为问题是出在产品上面了。

实际真是这样吗？当然不是！酸菜鱼这道菜品，很多人就老觉得自己做的和别人做的差不多一样，实际上他自己每天做的都还不能保证一样，就觉得自己做的和别人做的一样了。客户上周来吃的味道和这周来吃的味道都感觉有点不一样，自己都不能保证自己每一次的产品同质化，却感觉和大家的产品同质化了，你说可笑不可笑。

而真正厉害的餐饮企业，都是在追求自己与自己同质化。你觉得和同行同质化了，正是因为你还没做到自己和自己同质化，如果你能做到同一道菜不管做一百次还是一千次，都能做到一个品质，味道口感丝毫不差了，出品速度、上餐速度都能做到丝毫不差了，那大部分同行都做不到这样，就无法和你同质化了。

能做到自己出品高度同质化的餐饮企业，就根本不存在和同行同质化的问题。

第二个问题，是我们在产品上下足功夫做好品质的同时，同行在这方面也做得不错，就是我把我的酒香做得很厉害了，但别人的酒也做得很香。

这个时候就得明白，酒香也得靠营销，很多企业都是营销驱动型企业。

大家的酒都香，但你可以卖给不同的人，要卖给不同的人，你就会发现需要通过使用价格工具、渠道工具来实现，不仅要考虑价格和渠道，还要考虑要讲什么、对谁讲、怎么讲。这就又回到了营销的四个部分：产品、价格、渠道、广告。

照样举个例子，脑白金实际上是一款改善睡眠的产品，再直接点说就是安眠药。按照产品品质来说，安眠药的产品品质好不好，就看服了它是不是能让人睡好觉。

但是让人吃了睡觉这个问题，是所有安眠药都能解决的问题，开玩笑地说，甚至可以轻松让你睡不醒。

所以脑白金当时就明白，在促进睡眠这个作用上，从产品品质来说，大家都可以让人睡得香，脑白金想要在大家都睡得香的情况下，让更多人选择买自己。这就需要使用营销工具，需要思考自己讲什么、对谁讲、怎么讲的问题。

"今年过节不收礼，收礼只收脑白金"，这句广告语就非常精准，一句话解决了上面三个问题。讲什么？讲送礼，本来是安眠药，咱们不讲安眠效果了，讲送礼。对谁讲？对子女讲，以长辈的角度对子女讲！怎么讲？集中在春节前与春节期间在央视以轰炸式广告的方式对所有人讲，目的就是不仅要让买单的人看到，更要让收礼的人也看到，让所有人看到，才是送礼的人希望的。所以在春节期间，我们都听到了电视上两个老人在说"收礼只收脑白金"。

酒香不怕巷子深，但前提是要思考自己的酒足够香吗？别人的酒不香吗？

06 一切动作的原点，都应该是购买理由

营销的一切动作都是围绕购买理由展开，从产品开发、命名开始，到品牌的LOGO符号设计，再到包装设计、话语设计。我们进行这一系列的动作，都是为了打造一个购买理由，然后让产品来匹配这个购买理由，而不是有些企业理解的让包装设计和广告去匹配产品。

企业售卖的也不是产品，而是购买理由，消费者也从来不是在为产品买单，而是在为购买理由买单。

比如哲仕做的"赢加"饮料，在客户最初决定要做一款饮料产品的时候，从产品开发环节我们就协助客户用购买理由的思维进行开发。

首先我们要明白，在饮料市场，消费者渴了，需要购买一瓶饮料，这里面的"渴了"肯定不是赢加饮料的购买理由，渴只是一个需求，渴了的需求有很多种解决方案，最直接的是喝水，也

可以喝茶，喝其他很多种饮料，都可以解决渴的需求，他们不需要选择赢加。

因此，渴不是购买赢加饮料的理由，消费者选择赢加饮料，必须要有一个购买理由。

接下来你就会发现，味道好喝可以成为一款饮料的购买理由，但是好喝的购买理由已经被很多饮料在使用了，由这个购买理由衍生出来的各种味道的饮料，市面上围绕味道推出的果味饮料品种，可以说只有你想不到，没有大家做不到的。

最后赢加的产品开发，围绕购买理由的思维定位在了"功能饮料"品类上，但是功能饮料的市场也已经是一个红海，头部有了红牛等大品牌存在。

所以我们又在第二个环节，产品的话语部分进行购买理由的引爆创意。给赢加设计了"唤醒最佳工作状态"的产品话语。

这里面的"工作状态"，就是一个消费者的条件反射开关，当我们在准备选一瓶饮料的时候，"工作状态"这个词就能够马上提醒我们选择赢加饮料，"唤醒最佳工作状态"就成了赢加的购买理由。

另外"工作状态"这个词语，还是一个时间上的触发条件，当市面上所有的饮料都在从味道、功能上竞争切分市场的时候，我们已经帮助赢加从消费者一天24小时的"时间轴"上切分市场。

"工作状态"就是我们为赢加功能饮料设置的一个时间触发条件，只要你不是在休息，不管是在办公室工作，还是在加班，还是在开车，甚至是在网吧打游戏，"唤醒最佳工作状态"都能迅速与你捆绑到一起，往你心中一戳，成为你的购买理由。

还有我们为同仁堂儿童药设计的"宝宝小药箱，北京同仁堂"、格湘雅棉被的"格湘雅太阳被，棉花还有阳光味"、黔一品山茶油的"真正野生油，只送最亲人"，都是一些引爆购买理由的话语，广告话语就是引爆购买理由。

再讲一下，是产品去匹配包装，而不是包装去匹配产品，照样拿格湘雅太阳被为例，在我们找出一床棉被的基本需求是保暖和健康之后，就设计了阳光的格湘雅LOGO符号和"格湘雅太阳被，棉花还有阳光味"的广告话语去引爆消费者的购买理由。"太阳被"和"阳光味"这两个词语就能唤醒人们对一床健康温暖的被子最大的幻想。就成了格湘雅棉被的超级购买理由。

接下来为了让话语包装匹配上产品，格湘雅企业又将自己的棉被使用的棉花种植基地定在了新疆，因为新疆是我国全年日照时间长达2550~3500小时的地方，夏至日（6月22日前后）白天时间甚至长达14~16小时。我们棉被的棉花是日照时间最长的地方种植出来的，就是为了让产品匹配"格湘雅太阳被，棉花还有阳光味"这个购买理由。

　　消费者买的是"阳光味"的太阳被这个购买理由，格湘雅的棉被是用来兑现这个购买理由的，所以我们讲消费者是为购买理由买单，而不是为产品，产品只是用来兑现购买理由的。有的人会认为，自己买的就是那个产品，而不是什么购买理由，这类人坚持的是自己买的是"产品好"，但他们忘了"产品好"是在你用过之后的一种体验，是你购买使用后的结果。

　　在购买前，特别是第一次购买的消费者，"产品好"也是通过购买理由来判断的。

　　大家把这个被子买回家后，如果确实温暖舒服，就会重复购买，然后推荐给更多的朋友购买，实现传播。怎样传播？"格湘雅太阳被，棉花还有阳光味"！这也是我们为消费者设计好的传播话语，在本书前面的"口碑传播的前提是你得先有碑"一节里面我们有具体讲过。

07　对扩大知名度的投资，永远不能断

　　关于重复传播的课题，我在《超级购买理由》那本书里面也已经讲过一个例子：广告就像打招呼，我们和朋友即使再熟，也需要每天见面都打招呼，不要认为昨天刚见完面，今天遇到就不

需要再打招呼了，你要有一天不打招呼了，你的朋友可能就会对你有意见，时间一长，你们也就疏远了。

品牌的知名度也一样，我们在和客户接触的时候，经常会听到一些这样的声音：等我们的品牌知名度够了之后，就怎样怎样……这是基于对知名度的误解才说出来的话。

为什么这么说呢，因为品牌的知名度是永远不够的，没有哪个品牌可以说自己的品牌知名度已经够了，不用再做广告了。包括可口可乐、苹果手机这样的国际品牌在内，都不可以。

企业只要还存在市场一天，就永远需要和消费者的遗忘作斗争，即使现在大部分消费者已经知道。

就像有人问，为什么像可口可乐这样人人皆知的国际大品牌，还要每天持续不断地重复投放广告？他说的"人人皆知"就是个伪命题！因为即使这一刻真的全世界的人都知道可口可乐，但下一刻如果没有可口可乐的广告的话，可不一定人人皆知，因为下一刻有的人已经不在这个世界上了，而又有新的人到来。

这是站在企业的角度来看，同样，我们站在消费者的角度来看也是一样的。

我们每认识一个新的品牌都一样，有的人会在今天认识，而有的人会在明天认识。我今天认识了可口可乐，明天也会认识百

事可乐，消费者的记忆里，每天都会有新的替代品牌在想尽一切
办法地占用他们的记忆，只要你停止出现，人们分分钟就会将你
忘记，而选择另一个活跃在他眼前的替代品。

这是人性的基本特征，不要天真地认为客户对一个品牌会有
忠诚度，那都是假象。我们需要对客户保持绝对的忠诚，但客户
没有任何义务对任何一个品牌保持忠诚，现实中很多事也是这
样，更何况是一款产品呢？

08 产品和渠道可以小众，但广告投放一定要大众

广告投放的本质是知名度，所有品牌和产品对知名度的需求
都是一样的，没有大众和小众的区别。

所以做品牌广告投放的时候，就一个目标，尽最大努力地提
高自己的知名度，不要纠结产品的目标客户是小众群体还是某
个垂直渠道。小众群体和垂直渠道的产品，也需要对大众投放
广告。

劳力士和劳斯莱斯的目标客户群体足够小众，他们如果想知

道自己的顾客是哪些人，那太简单了。但他们的广告不能只针对自己的目标客户群体进行宣传。如果劳力士和劳斯莱斯的品牌广告只向他们的目标群体投放，那他们就不会有顾客了！

就像前面我们讲的，买脑白金送礼的是年轻人，但脑白金的广告不能只让送礼的年轻人看到，还需要让收礼的长辈们都看到，不然这广告就不灵了。

劳斯莱斯的顾客买劳斯莱斯，不仅仅是因为自己知道劳斯莱斯好、劳斯莱斯贵，更关键的是大家都知道劳斯莱斯好、劳斯莱斯贵。

海天酱油是调料品行业中最大的品牌，因为海天品牌的广告大家到处都可以看到，从央视到各热门卫视台的节目赞助，从来没有停过。但是普通消费者可能不知道，海天企业2018年的数据显示，海天品牌的营收比例中，70%以上的收入来自专业的餐饮渠道，只有20%来自家庭普通个人消费市场。

什么意思呢？就是他真正的客户和渠道是餐饮企业的采购和定制，收入近八成都来自企业采购，但是他绝大部分广告预算投放却是针对普通个人投放。不管是央视还是各种卫视台的节目赞助，目标受众很清晰，就是普通大众。

原理就是垂直供应，大众宣传！我的客户虽然是餐饮企业，但我的品牌不能只给餐饮企业知道就行了，而应该让所有大众都知道。如果只有餐饮行业知道海天，那海天就成不了今天的调料第一品牌。

虽然大众不是海天品牌主要的直接目标消费者，但海天品牌真正的餐饮企业目标客户选择海天就是因为普通人都知道。

从很多餐厅的标语上就可以看出："本餐厅所有调料均使用大品牌！"这就是大众知名的价值。如果海天的品牌知名度仅停留在自己的目标餐饮市场，只在餐厅圈子里有名气，可能餐饮企业就不会选择海天。我选择你，是因为大家都知道你好，这就是一种巨大的价值。

产品和渠道可以小众，但广告投放一定要大众！本节讲的这个题目，很多企业在做广告投放策略的时候都存在这个误区。完全将自己的企业广告精准地投放在自己目标客户的小圈子里，看似省了一大笔广告费，实际这样的广告违背了广告投放的本质，把广告当成了促销，甚至有点像是在偷偷地推销，最终自然发挥不了广告的真正效果。

让所有人一起见证顾客的选择！

真正的广告宣传，就是帮助顾客解决两个问题：

第一是帮助顾客判断和做出选择。

第二是帮助顾客向所有人证明他的选择是正确的。

基于这两个目标，你会更好地明白广告应该怎样做。广告不是只给目标顾客看，而是同时要帮助他的顾客向所有人证明他们的正确性。这样顾客选择的意义也就被放大了无数倍。

只有你和他两个人在一个没人的地方说的话，其他人没听到，就没有效果。为什么正确求婚姿势要在公开场合求婚？就是要让大家共同见证，有了大家的见证，你就会坚定你的选择。

09　广告还是硬的好

广告分软硬，软广告和硬广告一直都是企业做广告的两种选择类型。

要说哪种好？要我说，我更喜欢硬广告，而且我也一直建议我们的客户广告一定要硬！因为硬广告更有效，硬广告的效果是任何软文、公关稿和新闻稿都无法比的。

原理是什么，在"条件反射"一节里面我们讲过：广告就是发信号，信号越强越有效。软广告的信号和硬广告没法比，不在一个量级上。但是为什么还是有一些企业热衷于软广告呢？

也是因为两种原因，一种是只看传播量的企业，企业请人写一篇软文稿投放出去，对方会反馈给他这篇文章的曝光度、浏览量，可能是10万+，数字还不小，企业就觉得这就很值了。但企业不知道那个数字对自己来说实际没有什么意义。因为对看这篇文章的人来说，广告信号微乎其微，基本上可以忽视。

这种企业是因为没有理解传播的目的，他们往往直接将传播理解为目的，但实际企业做广告不是目的，用广告解决问题，最终让消费者购买我们的产品才是目的。

另外一种企业呢，是刚好有一种相反的理解，他们认为软广告比硬广告更有效！认为硬广告大家一看就知道你在做广告，警惕度会增加，而他们认为软广告，是大家没觉察到这是你的广告，所以防备意识就会放低，就会增加消费者认同和购买的概率。

其实不太客气地说，持这种观点的企业是因为有点短视，热衷于做软文广告的人，大多也都是属于这种观点。

他们是先假设了大家看到他的广告不会相信，只有大家在忽略自己是广告的时候，才可能认同。所以我们很多时候会发现，做软广告的企业使劲把自己藏起来，广告做得偷偷摸摸，生怕太明显大家能认出来这是广告，甚至有时候软到连自己的名字都不敢放，只是模模糊糊留一个线索让需要的人自己去找。你说广告做到这种地步，可笑吗？

这样做最直接的结果，就是除了正好看到这篇软文章的人，刚好现在就有这个明确的需求，可能会留意到，而凡是此时此刻没有这种需求的人，就会忽视而过，可能根本没注意到你出现过。看似100万人浏览过，实际真正注意到的可能就那么几个，因为大部分的浏览者，你都成功地对他们隐藏了。

你会说我就是要找到刚好有这个需求的人就可以了。这也正是我说有这种观点的企业短视的原因。

广告广告，就是要广而告之！如果你做广告仅仅是为了去对暗号一样对上百万人中的那几个，又何苦要选择做广告呢，随便一种方式都比这有效。

一个企业如果一直靠软广告宣传，他一定会越做越累，越做越小，最终做成没有人知道自己是做什么的。因为这是违反广告原理的。

广告的目的就是广而告之，不仅要告诉你这是我的广告，而且要培养你熟悉它，反复地告诉你这就是我的广告。不管你现在有没有这个需求，也不管你看到我会不会警惕，我只要一点，等你真正有这个需求的时候，第一个想到我！第一个想到我的广告！这才是广告真正的意义。这类广告就叫硬广告。

　　硬广告从来不会怕消费者讨厌自己是广告，警惕自己是广告，恰恰相反，企业做广告最大的失败就是你广告费花了，消费者都不知道你做了广告，这就是广告的最大悲剧。

　　广告的仪式性，比广告内容更重要！

什么意思呢？你现在就回顾一下，你日常的消费中，选择的大多数商品，是真的相信了广告的内容呢，还是仅仅因为经常看到它的广告？更倾向于哪一种？

我告诉你，大多数人的选择，仅仅就是因为经常看到它的广告！虽然看它广告的时候你知道它是广告，你也没相信它，但你需要的时候，你就会想起它，甚至信任它！因为它做那么多广告，就会成为一个值得你信任的理由。这就是广告的仪式性。

硬广告就是要够硬，硬到仪式性超过内容！就像韩后品牌花两个亿将"韩后"两个字的广告打到广州塔上面去，就是这个道理，就等于在向你们喊：这是韩后的广告，韩后做广告了，而且做了最贵的广告！

你现在能理解广告的本质了吗？

10　高级的前提是不自卑

高级，在设计方案的讨论中，似乎成了设计师和大部分企业一个绕不过去的词语。

不管是从版面到字体，还是从颜色到大小，每一个元素都会被高级这个话题过滤一遍，只要有人说一句"就是感觉不够高级"，就可能成为一个设计方案被推翻的理由。这个词不知道扼杀了多少本来优秀的方案，实在是罪大恶极。

好好的一个字体设计，为了"高级感"，设计师做得细了又细，小了又小，还美其名曰：精致；而颜色呢，为了更有"高级感"，就喜欢追求素雅，不断往淡了调，非把黑色改成灰色，把饱和度调低；总之就是不能太扎眼，不能直接就让你看清楚，非要让大家去细品、去慢慢地感受。

因为他觉得不管是内容还是版面的创意，就是要让你不那么容易看明白，这样才有高级感，才叫有品位。

换句话说，大家有个普遍的心理，就是觉得凡是一下就能让大家搞明白的东西，都不够高级。

所以那种追求广告和产品包装设计要高级的设计师，其实也是这么个心理。但我要告诉大家，这种心理其实是一种自卑心理，就是害怕大家认为自己太直接简单了，觉得简单就等于low（低端）。但这种心理放在广告上，就是传播的天敌，它是在阻止人们了解广告，是产品和品牌的敌人。

其实，只要排除这种"简单直接就等于low"的自卑心理，就会发现，不管是字体粗细还是颜色深浅，它们本身没有任何高级低级的区别。

比如有人总觉得灰色就高级，红色就俗气，这就是典型的自卑心理。谁说红色就low了？咱们多少上档次的东西不都是红色的？连国旗都是红色的。

觉得红色low的人是他自己自卑，我就觉得红色很高档，我们给很多客户的设计都用红色，我们觉得红色不仅喜庆，而且显眼。

还有的设计师，同样一个颜色，他觉得太显眼、对比度太强了不好，也影响"高级"，照样拿红色说，他们觉得正红色就太显眼了，经常建议客户要在红色里面加点黑，变成朱红色，他们觉得变成朱红色之后就更高级了，这是同样的心理。

正红变朱红后，明度就变弱了，显眼程度就降低了。而在哲仕，设计师几乎不可能出现这样的事情，反而是有时候会遇到一些客户有这种想法，但也都会被我们及时纠正过来。

比如说在设计"憨宝有味"榴莲饼的包装设计时，设计师用的就是正红色，搭配榴莲小宝的绿色卡通形象，既满足了抢眼的标准，又非常有食欲，红绿搭配就是一种最佳的食欲搭配色彩。

不过在客户第一次看到设计方案时，就提了这个红色能不能让他变暗一点的建议。理由都一样，他说那样会不会更高档一点？我们设计师当时就帮他解释了这个问题，客户也很认同设计师的说法。

现在回过来看，还好没有调整，憨宝有味的包装设计在货架上的效果非常漂亮，正红色不仅不会显得不高级，反而只要是看到的人都觉得好看，客户自己后来也说正红色越看越顺眼了！

还有一条，不管是颜色还是设计方案，我不仅劝说大家不要背离传播的特性而追求"高级"，也提醒大家不要在判断一个方案时用"是不是感觉有点怪"去做评判的标准，因为"有点怪"也是客户用来推翻一个创意的常用词。

很多方案，你第一眼看上去有点怪，其实也是和高级不高级同样的道理，是因为你之前没见过这样做，你现在觉得怪，看习惯了就不觉得怪了，消费者看一个方案也一样，第一次看一个方案觉得怪，你坚定地使用了，大家就不会觉得怪了。

何况，"有点怪"的广告并不影响传播，甚至对消费者的记忆是一种帮助。

11　中小企业如何做广告？

很多人有疑问，看过很多品牌与营销类的书，也学习过很多营销理论和案例，但是那些强调企业的广告投放要强势、重复，用压倒性投入产生规模效应的方法，回到中小企业身上好像就用不起来；为什么用不起来？最常见的答案就是广告预算的问题。

我将这类问题总结起来，其实就是一个中小企业如何做广告的问题。

在回答这个问题前，我们先了解一下一个和广告有关的东西——品牌资产。

什么是品牌资产？品牌资产就像个人的资产，个人的资产可以为这个人做背书，做担保，可以成为这个人在社会活动中的背书，可以比其他人用更低的成本更顺利地去获取资源。

品牌资产的含义也一样，它是企业和产品的信用担保，是为企业和产品降低获取资源的意义而存在，品牌资产有哪些？一个名称、一个LOGO、一句广告话语、一套包装、一个卡通形象等等，都是品牌的资产。品牌的广告语或者包装，它让消费者熟悉了，它就成了一种品牌的资产。

品牌资产和广告的关系是什么？企业做广告的目的就是投资品牌资产，广告宣传的过程就是积累品牌资产的过程。企业通过不断地累积品牌资产，提高营销计划的效果，降低营销的成本；顾客可以通过企业的品牌资产降低自己的辨识成本和信任成本。

现在我们回到中小企业如何做广告的问题。

　　既然广告就是一个累积品牌资产的过程，而品牌资产的概念里，是没有大企业和小企业之分的，大企业可以有品牌资产，小企业也可以有自己的品牌资产，小企业也有自己的名称，有自己的LOGO符号、广告话语、产品包装……

　　最关键的是，大企业他们也都是从小企业发展过来的。

　　可以说，正是因为中小企业在广告预算投入上没有大企业那样的压倒性优势，所以在自己的广告宣传工作上，更需要重视品牌资产的积累性。

　　如果说大企业的广告预算更足，可以在广告宣传上今天说这个，明天说那个，今天在这儿投，明天在那儿投。大企业一年有几千万的广告预算，可以多渠道投放，小企业只有两三百万的广告预算，那就选择一个渠道投放和累积，做到在那一个渠道上的压倒性投入优势，并且坚持在一个地方投放，不挪窝。

　　然后就是上面讲到的品牌资产的累积载体，我将它称为品牌资产储蓄盆。中小企业的宣传则必须要集中将有限的广告预算累积到一个点上、一个盆里。这个点不管是你的广告话语，还是你的产品包装。让每一分广告费用都不浪费，都有地方可以存储。

　　所以越是中小企业，越要从一开始就先将自己这个品牌资产储蓄盆建立好！因为你一分钱都浪费不起，你必须从第一分广告费就让它有地方存储，存到一句固定的广告语里面，存到一套设计好的能让大家记得住的包装上面，然后累积起来成为品牌资产。

反过来，你在没有建立起自己的品牌资产储蓄盆之前，遍地投放广告，没有目标，那所有投入的广告宣传费用都相当于是浪费，因为它在消费者那里没法存储起来。你的每一次投入，都相当于是第一次，永远是从零开始。无法实现前面讲的，让顾客通过企业的品牌资产降低自己的辨识成本和信任成本。

对于小企业来说，尤其是产品包装，我一直在讲产品包装是小企业最大的广告媒体，而且它是免费的媒体，每一个小企业在考虑做广告之前，都应该从第一天就考虑自己有没有利用好产品包装这个媒体。自己的产品包装设计是不是充分做到位了。哲仕为憨宝有味系列产品规划的产品包装，就是一个将产品包装的媒体作用使用最大化的案例。

12　广告覆盖率不等于品牌知名度！

企业在做品牌宣传判断时经常会有一个误区，就是错把品牌的广告覆盖率当成品牌知名度。

比如自己做出来一个新产品，在目标区域范围内进行广告投放时，容易理所当然地理解为：这个区域人群的90%应该都看到过我的广告宣传了，就等于我的产品在这个区域内拥有了90%的知名度。

而实际上，那个90%根本不叫知名度，最多就叫广告的覆盖率。

广告的覆盖率，是指有多少人看到过我们的品牌；而一个品牌的知名度，是指大家对这个品牌的熟悉度和在有需求时第一时间回想起来的回想度。

比如我们想吃汉堡时，能第一时间想到麦当劳和汉堡王，之后还能想到肯德基，然后就会在这三个品牌里面选一个购买；吃比萨时大部分人会先想到必胜客；准备买洗衣液的时候会先想到立白和蓝月亮；想吃薯片时会先想到乐事和可比克薯片。

而实际我们在此之前，在薯片、比萨、洗衣液和汉堡这几个品类里面，真的仅仅是因为只听过或者看到过这几个品牌的广告吗？

肯定不是的！通常都还有其他很多这类产品的广告也曾经在我们面前出现过，其他的产品广告投放也曾经覆盖过我们，我们一定看到过，只是我们对它的熟悉度还不够，导致在有这个需求时第一时间能够回想起来它们的回想度还不够。

大部分消费都是如此，家电、日用品，又或者是选择一家广告公司，品牌的熟悉度和回想度在消费者那里决定着他们是否选择我们。

品牌的知名度，就是要消费者在相应需求上的第一时间回想起我们的回想度。特别是一些功能性差异化比较弱的行业，比如纸巾、饮用水、洗衣液等，和一些金额比较大、专业度比较高的行业，比如汽车、广告创意服务等，品牌的熟悉度和回想度尤为重要。

顾客在选择时，如果对产品和服务不能够有自己明确的判断，则通常情况下都会倾向于选择自己认为熟悉度最高的品牌。

这里的熟悉度，也并非指顾客对品牌的了解程度，而仅仅是一种回想的频率。我在《超级购买理由》那本书里也曾经举过一个做广告的例子，我说企业打广告就像是在跟邻居打招呼，对方每天见面都和你打招呼，久了之后，虽然除了称呼之外，彼此也并没有更深的了解，但就是感觉是熟人，那么和其他陌生人比起来，此人更加可以信任。

因此，品牌的知名度是具体消费者脑海中的熟悉程度，仅仅做到了广告的覆盖率，而没有产生熟悉度的品牌广告，原理上宣传是还没有产生作用的。我曾经讲过广告的作用至少是在第二次看到时才开始产生，也是这个原理。

你第一次看到某个产品的广告，它是和你没有什么关系，并不能对你产生任何影响。而第二次你再在其他地方看到他的广告，如果你还能想起第一次曾经在什么地方看到过这个广告，那这个广告的效用就产生了。广告一次次地出现在你面前，直到最后你有了这个需求。前面一次次出现的广告让你觉得那个产品和你更熟悉，广告就起了作用。

如果将产品的广告看成是一个人，就好比我们去参加一个全是陌生人的party，进去后和你打招呼的人都是陌生人，这时候如果碰见一个曾经你在其他场合见过的人，你就会觉得跟他很熟，哪怕你们之前的那一次见面也仅仅是一个简单的招呼，一面之交。

这一次的熟，就是上一次见面的作用。产品的广告也是如此，品牌与消费者之间的"熟"，就是靠品牌广告一次次地与对方见面，在不同的时间和不同的场合见面，直到对方感觉你比其他人和他要更熟悉一些。

原则

第四部分

01 企业要三有：有方法，有文化，有立场！

企业经营，经营的就是选票，经营谁的选票？市场的选票！

如果大家能在一件事情上选择与你合作，是因为你在这件事情上有更好的能力；而能让大家持续地选择与你合作，是因为不仅你有比其他人更好的能力，而且你有自己的文化信仰，有自己做人做事的原则和标准，有好的人品，能让大家感觉与你合作很放心，很安全；如果你是一个能让大家都把你当自己人一样，不仅愿意与你持续合作，而且愿意为你的事业前赴后继，愿意帮你宣传，拉动更多的人来支持你！那么一定是因为你不仅有很好的能力，有好的人品和原则，还有一个坚定的立场，那个立场始终代表着对方的利益。

一个国家也一样，国家的执政者能获得人民的支持，大家投他的票，选择他，首先一定是大家觉得他具备治理这个国家的能力，有比其他人更好的治理国家的方法。

其次是大家认同他的价值观，他具备能让大家认同的执政理念和价值观，大家知道他是好人，不用担心他会干坏事。

最后，也是最关键的，是他一定有一个明确的立场，这个立场一定是始终代表着选民的利益，这一点尤为重要，你代表着选民的利益，甚至将他们的利益当作一切的前提和基础！就如当时江泽民给咱们的共产党提出的"三个代表"重要思想，其中最关键的一条：始终代表人民利益！咱们现在的习近平总书记也强调"人民对美好生活的向往，就是我们的奋斗目标"，这都是明确的立场，始终代表着人民的利益的立场。

大到一个国家，小到一个人，都是如此，我们的企业更是如此！能获得市场选票的企业才能发展，能持续获得市场选票的企业，就能持续发展，就能基业长青。

怎样获得市场的选票？就是我今天要讲的，企业要三有：有方法，有文化，有立场！

首先是有方法。在自己专业领域有比别人更好的方法，更先进的技术，有更好的为大家解决问题的能力，这对应的就是企业的产品，企业要有核心技术产品，这是企业之本。

企业的角色是为社会解决某项问题，解决问题的第一点就是你要有自己的解决方案。准确点说，你要有更好、更先进的解决方案，因为市场上不是只有你一家企业说自己能解决这个问题。

其次是优秀的企业必须有自己的企业文化。很多人其实还没弄懂企业文化到底是什么，企业文化就是企业做人做事的原则和理念，是企业的价值观，人有人品，企有"企品"。企业文化可以直接理解成是企业的"企品"。

它包括一系列企业对自己的要求标准，对工作的要求标准，对企业取舍的价值标准。

我们选择一个企业成为合作伙伴，或者选择使用一家企业的产品，不仅是因为他技术好、产品好、有好的方案，还因为对方是一个有原则、有正确价值观的企业，它能让我们相信选择他的产品或者与他合作，不会有危险，不会受到伤害。

一个没有原则和自己价值观的企业，他就无所顾忌，什么事都可能做，非常危险。

最后是企业要有明确的立场。这个立场就是始终站在消费者立场，站在顾客受益的立场。所倡导和坚持的一切，都要围绕消费者利益进行。要有消费者利益最大化的原则。有人会说，那员工的利益呢？企业老板和企业股东的利益呢？员工和股东的利益是在保证消费者利益的基础上实现的。不明白这一点的企业一定走不远。

所以哲仕一直说，不要求我们的客户忠诚于我们，但我们一定会忠诚于我们的客户，因为客户没有忠诚于某一个企业的义务，就像人民没有忠诚于某一个执政者的义务一样，而执政者必须忠诚于自己的人民，他必须为人民利益着想，否则他就没有了在那个位置的必要。企业也必须忠诚于自己的顾客，始终为顾客利益着想。

最后我们再重复一遍，企业要三有：有方法，有文化，有立场！你有能力，有原则，而且站在顾客的立场做事情，这是每个企业必须要有的东西。

02 企业成为哲仕客户的四个阶段!

哲仕公司自2009年成立，到现在已经十二周年了。十余年来，我们已经为数百家成长型企业提供了营销创意服务。

一个企业从认识哲仕到了解哲仕，到与哲仕签约，体验哲仕服务，再到合作接受之后的整个过程，分为四个阶段，并且清晰地划分了他们在不同阶段所要充当的不同角色，以及哲仕和他们之间的关系，废话少说，我在下面给大家分享。

第一个阶段就是认识和了解哲仕的阶段，这个阶段对方不需要做任何东西，他们仅仅就是我们的受众，我们对这个阶段的群体也没有做任何要求，在哲仕的逻辑里，没有什么消费者画像。我们的受众就是所有人，我们对受众需要做的，就是尽可能地让他们发现哲仕，注意到哲仕。

马上有人会觉得奇怪，哲仕是一个做品牌战略营销咨询和创意工作的公司，自己的目标客户不是应该特别清晰吗？就应该是企业经营者或者是企业的高管呀！让其他人成为哲仕的受众有什么用？

不用太着急，这里先与大家一起分清两个概念：企业的受众和企业的客户。企业的受众不一定就是企业的客户。企业一定要尽最大范围扩大自己的受众群，因为我给"受众"的主要任务，就是让他们认识和了解企业和产品。他只要认识和了解了哲仕，就可以了。

不管是什么人，即使因为种种原因不一定能直接和哲仕有合作，但是因为他了解和认同哲仕，他就能给哲仕介绍其他还没有认识和了解哲仕的人。

再次强调一下，企业的受众是所有人，包括你的同行。

由受众介绍来的人，会有两种情况，一种是对哲仕了解的朋友介绍的，基于对朋友的信任，省去了自己漫长的了解过程，所以被介绍来的人，有可能直接就进入到我们给客户设定的第二个角色——购买者角色，直接成为哲仕的客户。也有另外一种，由受众介绍认识哲仕后，继续做哲仕的受众，自己慢慢了解哲仕。

前面说了，我给受众的任务就是认识和了解哲仕，所以他们在这个阶段什么都不用干，就坐一旁看就可以了。看哲仕怎么做，看哲仕怎么服务客户。哲仕的任务就是为他们提供信息，方便他们了解这个领域，直到有一天他们看明白了，决定选择与哲仕合作。就进入第二个阶段。没看明白怎么办？那就继续看。

没错，第二个阶段就是购买者的角色阶段，正式准备与哲仕签约，我们对这一阶段的群体主要需要做的就是帮助他们做判断和决策，记住，是帮助，不是替代！我们从来不替代任何人做决策，我们只是在自己的专业领域范围内，提供判断方法帮助对方正确地了解自己的问题和需求，进而顺利地作出正确的决策。

这个阶段的核心，就是我们要给出判断依据，要帮助对方降低判断和选择的成本。

这是成交的环节，所以往往被大家认为是最关键的环节，但在哲仕，我们并没有将这个环节看得太关键。因为在我们看来，成交都是水到渠成的事情，能不能成交，关键不在成交这个环节。

成交的关键实际取决于上一个环节和接下来的下一个环节。不能成交是因为客户对哲仕的了解还不够，也就是在受众环节还看得不够明白，没有别的办法，只有继续看。为什么也取决于下一个环节呢？因为成交后的下一个环节叫体验环节，进入体验环节后，就已经是哲仕的客户了。

新客户是否会选择和哲仕签约，在于前面的受众环节对哲仕了解地有多深，了解哲仕什么？前面讲了，了解我们给客户做过的服务，我们帮老客户服务，新客户坐一边观看。新客户要不要选择成为哲仕的客户，一看哲仕有没有服务好之前的客户，二看对方有没有看明白哲仕的方法。

所以，成交的关键不在成交环节，不要认为客户不与你成交，是你成交那个环节没做好，那是你搞反了。客户找你成交，一是够了解你，二是羡慕你给之前的客户做出的成绩。和你的成交技术没什么关系。

因此，除了成交的前一环节不说，成交之后的第一环节——体验环节才是关键。

体验环节，对方已经是你的客户，你能给到客户什么样的服务体验，不仅决定着客户是否会继续选择你，更决定着前面所有受众的判断。这就是为什么哲仕始终坚持将公司100%的精力和资源都放到服务老客户身上的原理，因为任何行业的产品和服务都一样，能服务好老客户，就是新客户选择我们的主要判断依据。

什么是老客户？就是已经选择了我们的客户，已经进入我们的服务体验阶段的客户都是老客户。

我一直说客户从与哲仕成交的那一刻开始，才刚刚进入哲仕最核心的向客户营销的环节，我们会让客户真正体验我们的工作方法和价值，在我们的服务过程中验证我们前面所有的承诺，并超出对方期望，完成超预期的客户满意度。这就是体验环节的任务，也是为下一个环节做铺垫——让每一位客户都成为哲仕的传播者。

让客户成为哲仕的传播者，就是客户企业进入哲仕的第四个阶段，也是我们成功的关键。我们的任务就是让客户在接受完哲仕的服务后，继续选择与哲仕合作，并主动成为哲仕的传播者，为哲仕的服务和价值代言，为哲仕介绍新的客户，为新认识哲仕的受众提供信心。

哲仕现在服务的客户中，与哲仕持续三年以上合作的老客户占比高达70%，这一定和我们对客户的这四种角色的认识有关系。

从受众到购买者，再到体验者，最终成为哲仕的传播者。这就是我为企业成为哲仕客户设计的四个阶段。也是哲仕对消费者角色的理解，任何行业都应该这样理解自己的消费者。

以上四个环节，环环相扣，哪一个环节出了问题都不行。

03　乙方公司的三个级别！

专业的乙方公司，不仅要有能力为甲方公司提供解决方案，更要成为甲方公司工作任务的制定者，要有与甲方一起制定目标和任务的能力。

特别是像营销创意服务这样的行业，甲方企业在找到自己的创意服务商之前，实际上，大部分情况是不知道自己想要获得什么样的方案的。

为什么呢？因为这完全取决于他遇到什么样的营销创意服务公司，取决于对方能为自己做出多大的价值。

我在下面将甲方有可能遇上的乙方公司分成了三个级别，分别是：

1.具备提供标准服务的公司。

2.具备为客户提出专业解决方案能力的公司。

3.具备协助客户制定目标与任务的能力的公司。

先说具备提供标准服务的公司，如果你遇到的是这类服务，希望对方为自己的企业做一套设计服务，对方就只能按照你的要求为你提供标准的设计服务。

你付服务费用后，对方按照你的要求设计出方案，在这个过程中，对方甚至会反过来向你要创意要求，按照你的要求做出方案后，服务就结束了。

如果你遇到的是这样的乙方，那就糟糕了，因为对方的服务不仅没价值，而且他的方案一定会让你在以后的工作上走弯路，这是因为对方自己都不知道自己干的工作是为了解决什么问题。

更为夸张的是，他们一直就认为自己不需要知道。

我曾经说这种类型的服务商，就像是一个搬砖工人，他们只提供搬砖的劳动服务，只告诉你一块砖如果让他帮你搬，从A点搬到B点需要多少钱。至于你的砖头用来做什么，为什么要搬到那里去，搬去那边后对你来说会有哪些风险，有没有更好更低成本的搬运方式，或者有没有搬的必要……他们都认为和他们没有关系。

提供标准服务的公司，就是我只有提供标准的服务，不管谁来找我，也不管对方是什么情况，让我干什么我就干什么，这类公司提供的服务并不是专业顾问。

具备为客户提出专业解决方案能力的公司，具备一定的专业判断能力，但他们还是从客户那里领取工作任务。只不过客户在将自己的工作需求和任务布置到这种公司之后，他们会基于这个客户既定的任务，去帮助客户做出较为专业的考虑和判断，找出最优的一个解决方案给到客户。

比如客户有一个为新产品出营销创意的任务，这类公司会根据这个产品的情况去为客户做出一套专业的营销创意解决方案，会给到客户产品名称上的解决方案、包装上的解决方案、渠道上的解决方案和传播上的解决方案等。

给到客户专业的解决方案，就能够帮助客户在他原有的计划上更快地实现目标，为客户提供一定程度上的专业价值。

最后是具备协助客户制定目标与任务的能力的公司。一开始我就讲过，不管什么行业，客户找乙方公司服务，更多的时候都是迷茫的。有的企业是带着具体任务来的，还有的企业是希望我们能协助他们一起去制定目标和任务的。

所以真正专业的乙方公司，要有能力和客户真正成为一个团队，真正站到客户经营的坐标上去，为客户的经营制定任务和目标。从为什么需要这次任务的高度去规划，而不是被动地仅仅从客户那里接受任务。

客户如果有了要做某款新产品营销工作的想法后，我们要在客户所处的坐标上考虑，推出这款产品的计划对客户企业现在的情况来说，是否真的正确？是否适合在这个时候推出？是否应该换成别的产品？在客户企业的产品结构中，是否还需要增加其他的产品，等等。

在营销动作上，除了对产品部分的思考，在具体的时间还应该做出哪些动作，完成哪些工作，等等。

在解决客既定任务的同时，专业的乙方公司更有为客户制定新任务的责任和义务。真正优秀的乙方公司，应该做到在甲方的业务上比甲方看得更长远，更全面，不仅是用专业的能力协助客户在原有的道路上跑得更快，更要从道路的选择上让客户走上更有空间的线路。

也只有这样的乙方公司，才能给到甲方最大的价值。

04 永远给客户需要的，而不是客户想要的！

任何产品的本质都是在向顾客提供解决方案，既然是在向顾客提供解决方案，那么你就必须是这个领域的专家，你必须比顾客更明白他需要什么。

如果你的顾客比你更清楚他需要什么，说明你是失败的，最起码你的公司是不够优秀的。优秀的公司，不管是做什么产品或者服务，他一定比自己的顾客更明白他们需要什么。

口腔诊所必须比自己的顾客更明白他们的牙齿是需要修复还是需要换牙；卖洗衣液的企业，必须比所有人都更清楚衣服应该怎样洗，进一步教大家怎样洗衣物，告诉大家应该在洗衣液里添加哪些因子，怎样洗衣服更健康、更高效。

像哲仕这样的营销咨询和创意公司尤其如此，如果咨询公司的客户比咨询公司更清楚自己需要什么，那他找咨询公司的意义是什么？他们付咨询服务费，然后反过来在这个工作上让咨询公司按照他的感觉、他的认识和指示去做，还有比这样的咨询公司更失败的吗？

这就好比病人找医生寻诊，却又反过去吩咐医生，应该给自己开什么药方一样，医生的意义也就没有了。

要发挥自己的价值，让客户的钱不白花，就要做到永远给客户需要的，而不是给客户想要的，要把所有的精力放在如何解决客户的事情上，而不是把精力放在如何搞定客户上。

客户想的往往并不真的是客户需要的，大部分客户自己并不一定真的了解自己需要什么，还有一部分客户觉得自己清楚需要什么，但那也是由他原来的认识决定的，不一定正确。这个时候就看我们是坚持给客户需要的，还是选择顺应客户给客户想要的，这是专业型公司方案做不做得好，尤为关键的一点。

选择给客户想要的，就是希望提案顺利，就是奔着怎么让客户更容易接受我们的方案而去，这就是乙方公司最大的私心。这种私心，会让他们专门研究客户喜欢什么，想要什么，而不是真正回到工作的服务目的。我说我们一定要始终清晰，我们工作的目的始终要围绕如何帮助客户赢得消费者，而不是怎样搞定客户。

本杰明·富兰克林说过一句话："既要忠心地为公众服务，同时又要完全地满足他们的需求，是不可能的。"作为专业型公司，我们永远给客户需要的，就避免不了会遇到部分客户不同意。

很多朋友也问过我这个问题：客户就想要他"想要的"，遇到这种情况怎么办？我说凉拌！我们只给我们认为正确的方案，客户同意就用，不同意，他想反过来让我们另外给一套他"更喜欢"的方案，我们这里没有，在哲仕只有"哲仕方法"一套方法，我们永远不会因为客户喜欢什么方案，就给客户什么方案。

如果遇到了这类客户，实在协调不了，我们也会尽快建议对方解除合约，结束合作，一定不要在一起浪费彼此时间。所以我也经常说哲仕是非常幸运的一家公司，因为我们从成立到现在，十余年了，遇到这样的客户还是非常少的。

而且我更希望我们的客户自己能有这个认识。要有这个认识，就需要更了解这个工作的本质，因此，我在工作之余，投入了大量的时间去读书和整理著作出版哲仕方法，希望能让企业家通过它对企业营销和创意工作有个真正的认识。目标也就一个：提高企业家在这个领域的判断能力。

那些只要"自己喜欢的"的企业家，为什么会那样？在我看来就是因为他们对这个领域缺少本质的认识。营销咨询和创意这个行业，目前在我国仍然是处于非常落后的状态，前面几十年的发展，也仅仅是依托了大市场的红利，在这个领域的专业能力上面，实际还是处于启蒙阶段，所以不用说中国的大部分中小企业家对营销工作都没有本质的认识，更不用说掌握一套具体的方法了。

我努力著书出版哲仕方法，在行业里慢慢开始有了哲仕自己的影响力，一方面是加深了其他企业对营销工作的认识；另一方面，是要提高大家对我们的信任度和接受度。这听上去是不是有点以学术优势压人的感觉？确实是的，但是这不要紧，只要最终我能让大家按照我们的"药方"正确"服药"，在企业营销上少犯错，少走弯路，就行了，这应该也算是在曲线救国吧。

05　合作前，要核算利润；合作时，只考虑效果！

在为南孚电池服务的时候，哲仕工作组的包装设计师为了确保产品包装设计的最终效果，反复地打实样出来再核对、调整，哪怕拿在手上后发现再小的细节还有可以优化的空间，都会要求客户再来一次，并且跟进蹲守到客户的展会终端上去。

以至于后来南孚的黄经理对我说："李总，你们工作做起来真的是不计成本呀！真是超出了我们的想象。"

我说我们的工作成本和利润，只在合作之前核算！而且只有我和项目经理在项目合作前脑子里会有成本的概念。

工作一旦开始，我们的工作标准就变成：只看效果和客户满意度。在工作组的同事工作准则里面，没有成本这两个字，公司只要求他们考虑最好的效果。

工作开始前，要核算成本和利润；工作开始后，就只考虑效果和满意度，这是哲仕一直践行的一条公司价值观。从单个合作来看，我们有时候遇到一些优质的客户，做过不少不赚钱甚至有时候会倒贴成本的工作，但最终赚钱的还是我们自己；因为效果和客户满意度给哲仕带来了更大的收益。这笔账我自己算过。

我一直说哲仕的价值在没有合作前，客户想象不到，因为我们所做的很多工作，可能并不在我们与客户之间的协议内容内。所以很多时候，只有等到我们在给客户做方案提报的时候，对方才会惊讶："我们确实没有想到你们能做这么多工作。"

安馨大厨的喻总，在我们合作的第一次提报会议时就说："我没想到你们能做这么多工作，你做得真的非常棒！我现在很后悔没有早点找到哲仕。"因为安馨大厨第一次与我们的合作内容，是品牌定位与产品创意设计，结果在提报时，喻总发现工作组连产品的开发创意、渠道创意和企业战略规划都给出了方案，所以很吃惊。

我说哲仕是收一份钱干多份活，我们一家公司干了营销咨询公司、设计公司、广告公司三家的活。但我们只收了一份钱，所以我们给到哲仕客户物超所值的价值。

哲仕还有一个客户——益友汽配城。他们在与哲仕合作了几个月后和我说："李辉，你们怎么才收这么点钱？"我开玩笑说："你想多给点啊？"他说："你们做的工作确实不只这个费用。"我说："这就对了嘛！价值远高于收费，才算有价值。"

我将这种给到客户额外惊喜的价值，称为公平之外的价值，在《超级购买理由》里也讲到过。大家平时都讲一分钱一分货，并将它作为良心经营的标准。我更认为，单纯的一分钱一分货虽然一点毛病也没有，而且公平得很。但是对于客户来说，我用一分钱换一分货，你就并没有给到我多余的价值。只有公平之外多出来的那部分价值，才是我们真正的价值。

但是即使这样，也有一部分客户找到我们合作时感觉我们的收费比较高了，特别是个别新客户，这种客户呢，他们也可能确实还没那个经济基础，他们的企业可能还处在吃了上顿没下顿的生存状态，也可能是对哲仕了解得还不够，我也不敢打包票他们砸锅卖铁去做这工作能得到回报。

06	商业的本质就是交易，交易的本质就是你可以在我这里获得更多！

商业的本质是我们向对方提供了对方需要的利益，商业竞争的本质是我们向对方提供了比其他人能提供的更多的利益！

一切合作的本质都是如此。

企业和客户的合作如此，员工和企业的合作也是如此。

　　企业对于客户来说，企业的产品，一分钱一分货，如果放在一个没得选的环境下，看似没有问题。但是一旦放到一个有竞争的市场中，客户用一分钱换企业一分货，企业并没有给到客户比其他的竞争者可以提供的更多的价值。客户为什么一定要选择我们而不是其他的合作伙伴？客户就没有了很明确的理由选择我们。反过来说，本着交易价值最大化的原则，客户就有理由也应该去做更好的选择。

　　员工对于企业来说也是一样，你想要获得比别人更稳固更高的收入，就一定要为服务的企业创造更多的收益。

　　假设说，普通的员工准时上班、下班，其间能认真、按时完成自己任务内的工作，是一个"一分钱一分货"的合作者，就是一个普通员工的状态，那么对于企业来说，普通员工就是用谁都一样。

　　那么要想获得更高的收入，你就要给到企业相对普通员工更大的效益，你就需要在同样的时间之内，完成比别人更高的工作品质；在同样的品质情况下，比其他人用更短的时间；我还可以完成其他人完成不了的工作；甚至我还愿意在下班时间花更多的时间去做其他人不愿意做的工作。

　　这样的员工，对企业来说，他就具备了比普通员工更大的价值。企业自然不会考虑让其他人替换掉这样的员工，而只会给他升职加薪。

而那些在职场中抱着"拿多少钱干多少事"的员工，恰恰就是因为弄不明白这一点，他们不知道如果自己是一个"拿多少钱干多少事"的角色，那这个员工对于企业来说就已经成了一个可用可换的角色。同样，企业基于人力资源最优化的原则，就有理由也应该去做更好的选择。

所有的合作都是如此，当我们不能提供额外更多的价值的时候，也就失去了对方选择我们的理由。产品如此，人也是如此。

这是商业底层永远不变的逻辑。

07 把老客户宠上天！

什么样的男人在女性面前最有吸引力？

宠老婆的男人在女性面前最有吸引力！

女性朋友对这一点尤其有发言权，越是那种把自己老婆宠上天的男人，在其他女人看来，他的吸引力就越大。

什么原理呢？因为所有的人都向往美好，这是人性不变的一条。

企业服务顾客也是一样的道理。

这就是为什么我说哲仕永远要把所有的精力放在为老客户服务上，至于新客户怎么来？羡慕而来！要做到让他们羡慕我们的老客户，这就是新客户找我们合作的最佳依据。

把老客户宠上天，就是给新客户最好的承诺。什么是老客户？前面我也讲过，哲仕定义的老客户，是从他正式与我们合作的那一刻起，他就是我们的老客户，因为我们确立关系了，我就有了宠你的义务，我们就开始有责任使尽自己的浑身本事，为你服务，把心思百分百放在你身上。

为什么要强调把百分百的精力放在老客户身上？这还是一个价值观的问题。我们大多数人平时的习惯是倾向于将自己的精力投入到那些自己还没有得到的事物上，而忽视了现在就拥有的东西。

有的企业，天天把精力放在如何寻找新客户上面，天天寻思着如何去讨好新客户，等新客户成交变成老客户后，他们的精力就又重新移开了，继续放到了寻找那些还没成交的客户上面去了。

将精力的重心放在那些没有合作的新客户身上，就势必会减少投入给老客户的精力，这是必然的。可也还有人狡辩说，我们在寻找新客户的同时，也可以服务好老客户呀，我们的团队人多。

这其实还是一种对老客户不公平的做法的狡辩，我们都知道，企业多请一些人谁都会，但增加人员的背后意味着企业成本的增加，企业的任何成本都不可能自己去承担，最后照样还得摊分到每一位已经合作的客户身上去。

说到成本，把老客户宠上天还有什么好处？

恰恰还有成本最低的这个大好处！

不管任何行业、企业要获取一个新客户的成本，往往大大高于让一个老客户继续复购或者签约。因为新客户对企业品牌的信任成本最高，让他们从选择另外一个品牌的服务上换成选择你，这个过程需要你付出巨大的广告成本。

这一点反过来恰恰也证明了，老客户只要选择一个品牌后，只要我们的产品和服务不出问题，我们维系老客户让他持续选择我们，这样我们通常就可以用最小的成本换来巨大的效益。

对于价值的判断，我曾经说过一句话：初次选择，可能是慕名而来，也可能是出于某方面的判断，但一个客户持续地选择某个服务商或者品牌，没有别的，一定是因为对方给自己带来了价值。

因此，老客户持续与我们合作的间接效益，是可以证实我们的产品和服务有价值，至少是没有问题的，这样能间接地给在观望我们的新客户选择我们的信心。

这对企业和产品来说，就是一种最低成本的营销。

把老客户宠上天！是给到客户最大的价值，也是企业自己以最小的成本获得最大的价值，更是给到那些潜在客户最大的信心。

别犹豫，用自己最大的本事宠自己的客户！把他们服务好了，就是我们最大的价值和魅力！

08　要方法，不要看法！

我们解决问题，要说方法，不要说看法，看法和方法是完全两回事。而很多企业在开会时则会把这两个概念搞混淆。

看法人人都有，只要他是个人都可以有自己的看法，但看法不仅不解决问题，还会成为解决问题过程中的干扰，而方法才是在解决问题。

所以企业真正的开会解决问题，不是为了让大家坐一起各抒己见，各自说各自的看法，而是要什么事情听什么人的看法，每件事情都听对应专业的人的看法，专业的人发表看法时一定会带上思路和方法。

因此反过来，一个人提建议，他说的是不是有意义，就看他说的是方法还是看法，如果从头到尾仅仅是在表达一己之见，说自己的"感觉"，那就都是废话。

看法不是决策的依据，所以在一个工作上，提看法的人越多，越做不了决策，反而会成为决策者做出正确决策的最大干扰，群策群力，越策越乱。很多企业里的会议都有这种情况存在。

更要命的是，通常外行提看法的人，往往把自己是外行当成是一种优势，美其名曰"客观"，你说多荒谬？

什么是客观？这个世界上根本就不存在真正的客观。要说真正的客观就是没有观点，你只要在说自己的看法和观点，都是属于主观。

这就是为什么我在前面讲企业开会时，应该什么事情听什么人的，在专业的事情上面，应该直接听专业的人主观去判断。放弃专业人的建议，就等于是放弃专业人的主观，去听业余的人的主观。

关于看法和方法的认识，曾经我在参加哲仕给客户的提报会议上，有一个客户经理说过一句话，让我特别的佩服。所以我一直记得。

当时我们的同事讲完方案汇报之后，到了需要客户做决策的环节，客户那边当时就有几个参会人员轮流发表看法，基本上都是在说"我感觉……"之类的话。我正准备提醒对方这个问题，没想到被客户那边的一个经理抢了话，他说："不是自己专业部分的工作我很少发言，我想说的是咱们别抢着说自己看法和观点，先得理解在这工作上谁才是专业的，大家说的都是看法和观点，人家的方案拿出来的是基于一套系统的逻辑和解决问题的方法……"

我当时听到这话很感动，真是难得的明白人。高兴得会后还发了一条朋友圈。

哲仕超级购买理由方法-李辉
【2019年度最感动我的兄弟】今天上午提报会议上，我们的同事讲完方案了，例行到甲方发言环节，与会的几人都发表了自己的看法，唯独照片右边中间这位戴戒指的兄弟发言说："专业的工作我很少发言，我想说的是咱们别抢着说自己看法和观点，先得理解到他们这方案是给谁看的，谁才是专业的，大家说的都是看法和观点，人家拿出来的是基于一套系统的逻辑和方法…"给我来了一个大写的感动啊！从业这么久，少有遇到在这点上能有明白得这么彻透的兄弟！

广州·超级购买理由 就是超级销量！
2019年11月27日 13:50 删除　　·**·**

　　为什么平时会有那么多人乐于提"看法"？特别是在会议上提自己的看法？因为"责任心"，我这里把责任心三个字打上引号，是因为这种责任是伪责任心。这一点我在《超级购买理由》一书中也已经讲过了。

　　平时不管是朋友还是领导拿事情问我们看法，我们有的人就会为了表现自己心里的那种"责任心"，而一定要说一点自己的看法出来，也不管问的这事情自己是不是真的在行、了解的，他都能一本正经地说出很多看法来。

　　这种情况在企业会议上就更常见了，只要领导在问问题的时候意识不到这点，提出"大家都说说自己的看法"这样的话，下面的人就会轮着认真发表看法了，不管是否真的有不同看法，都在削尖脑袋想看法，没有看法也想找到看法提出来，不然好像自己没价值似的。只有那种真正的明白人才会说："这事情我不太懂，应该多听听专业人的建议。"

还有一类人，他的看法就是专门质疑别人的方法，因为他自己理解不了看法和方法的区别，别人的一套方案和方法如果到了他面前，而且让他逮着了提建议的机会，他上来就会反问为什么不是别的方案？这就是一种更严重的病态伪责任心了。

他的出发点不是追求找到答案，而就是要辩倒你的答案。

你问他自己有没有答案和思路，他也没有，但他就是要质疑你的方案。他用对你的方案的担心或者反对来找到存在感和价值感。

为了表现责任心提出来的看法有价值吗？当然没价值！不仅没价值，而且是负价值，它还会干扰你的判断，让你无法清晰地作出决策。我们每个企业都应该警惕自己的会议中存在这样的现象。

09　要"有用"思维，不要"找茬"思维！

要守住价值部分，不要只盯住问题不放，做任何工作都要时刻清晰，我们要的是价值，而不是去解决所有问题，问题永远解决不完，一定要明白就算我们解决了这个问题，又会有新的问题，如果老盯着问题不放，很可能会让你忘了自己原本要的是什么。

哲仕在成立之初，为很多企业做过LOGO设计工作。而且当时我们给企业做LOGO设计，还一次提供三套设计方案，提报时让客户选，于是就遇到了一种非常奇怪的情况：有的企业在对方案进行选择时，不说哪个方案好，却老说哪个方案不好！你说奇怪不奇怪？

有一次又遇到这种情况，我看客户在提案会议上对其中一个方案反反复复地找毛病。我说我们开会的目的是要确定一个对我们有价值的方案，而不是要将所有方案的问题解决掉。提案会是决策会，不要搞成了挑错会，如果把提案会开成找茬会，那从中永远也得不到任何价值。我们应该看哪个方案价值大，哪个方案对我们有用，而不应该看哪个方案问题大，然后一鼓劲地扎进那个问题大的方案里去讨论如何解决那些问题。

其实总结起来，就是要价值思维，不要找茬思维。找茬思维是一种反进步的思维，就像我们听一个老师讲课、看一个老师的书，都是一样的道理，不要带着找茬和挑错的思维去听和看，那样会让你从中得不到任何东西。那该怎么听？里面有错的地方你忽略它就好了，你就听对方那个对的地方，听那个有价值的地方，你才能将它拿来为己所用。

但就是这么简单一个道理，不管怎么讲，还是无法完全杜绝这类现象的出现。所以后来哲仕做提报就做一个方案，我们就只给一个我们判断好的价值最大化的正确答案，直接给对方去决策。

为什么说价值最大的就是正确答案？因为任何一个方案都有问题，这个世界上不存在没有问题的方案，而我们的企业做这个工作的目的也不是为了去找到一个完美的方案，如果要一个完美的方案，那就会没有方案可用。

苹果的LOGO有没有问题？奔驰的LOGO有没有问题？当然都有问题，只是他们的企业取的是那个方案的价值。企业做工作的目的是要去找到一个对自己有价值的方案。

一个方案，我们如果能判断它可以给企业带来价值，那么我们就果断地使用它！至于它还存在一些问题，大可不必在意，因为只要解决了最大价值这个任务，其他的问题都是假问题。

你如果一定要咬住问题去解决，它就算被你解决掉了，也会因此诞生出新的问题，更关键的是，你在解决问题部分的时候，有可能是在削弱有价值部分。

企业要学会和问题相处，而不是老想着去解决掉问题，一定要永远盯住价值部分，然后接受问题的存在，这样才是保证价值最大化的正确思维。

10　不留怨！不亏欠！

不留怨言，是永远不让客户有怨言；不亏欠，是永远不亏欠任何一个员工！

这是哲仕经营的两条基本理念和底线，永远不让客户有怨言，就是要在自己服务客户的过程中，永远做到尽能力、尽真心，始终让自己保持真心诚意；不亏欠任何一个员工，就是宁愿员工对不起公司，公司也永远不会对不起员工。

先说永远不让客户有怨言。

客户找到哲仕合作，无非就两种：一种是出于信任，一种是慕名而来。但是不管是哪一种，我们都不能保证，和哲仕合作，客户企业就一定能成功，一定能获益。

因此，我们在服务过程中必须做到尽能力、尽真心，哲仕将"尽能力、尽真心、尽责任"作为哲仕的企业精神，挂在办公室的墙上，人人都能看到，就是为了时刻提醒大家，我现在做的工作到底尽力了没有，有没有尽了自己最大的真心？

因为只有这样，才能做到即便客户最终没有成功，他也不会怨我们，他知道我们这帮人用心了，没有骗他。

要做到这样，其实很不容易，因为这和客户对我们合作前的期望有直接关系。因此除了在工作中要做到尽能力、尽真心、尽责任，还必须在合作前保持真心诚意。要保持没有私心，自己做不到的东西，半句也不能答应。更不能为了成交，在合作前夸下海口，合作后却做不到，那样最后换来的就一定是怨言。

前面说找到哲仕的客户就两种，一种是出于信任，一种是慕名而来。出于信任的客户中，我自己很清楚有一大半甚至还是出于对我这个人的信任，所以我经常说这类客户让我压力最大，因为我总是心惊胆战的，生怕一不谨慎，就对不起对方的信任。

另外一种慕名而来的客户，这类客户都看到我们服务过的案例，或者是经过客户、朋友介绍而来的客户，他们找到哲仕之前就了解过哲仕的能力，认定哲仕有本事才找过来的，哲仕在他们心中可以说已经就是一块招牌了。

这种客户你做好了，超出了他的期望，就正常。做不好，就等于是在砸哲仕自己的招牌。

所以我一直强调：我们在合作前要降低客户对我们的期望，我们不仅不能承诺没把握的事情，而且就算自己有把握的部分，也只能向客户承诺七分，留下三分能耐不是不使，而是要放到我们提案时再给客户看，这样才能给到客户惊喜，提高客户对我们的认可度。

我也一直对同事们说：这样慕名而来的客户，他们对我们的期望很高，我们给他们每做一个作品，都可能是一次砸招牌的机会。树牌用了十多年，砸牌只要一晚上，怎么可能不谨慎。

然后我们讲永远不亏欠任何一个哲仕的员工。

不亏欠员工和不让客户有怨言一样重要！哲仕不能保证所有的员工在哲仕都能获得自己的成长和成就，但我们对员工有一条基本底线：哲仕不亏欠任何一个员工。

这一点，从哲仕成立那天开始到2021年，一共12年，不管是已经从哲仕离职的员工，还是在职的员工；不管是在哲仕工作多年的老员工，还是只到哲仕几个月就离职的前员工，哲仕都没有亏欠。所以才不会在任何地方听到有任何一个曾经在哲仕工作过的同事说哲仕的坏话。

我们不排除有的员工在公司没有获得成长和成就，就离开了，但他绝不会觉得这老板是坏人。至少哲仕从成立以来，我们没扣过任何一位员工的工资，就是哲仕离职的员工，不管是因为什么原因，都没有少拿一分自己的工资，甚至有一大部分同事离职时，都有额外多拿到工资，这就是哲仕不亏欠任何一个员工的底线。

关于对待员工，哲仕也还有另外一条特殊的底线，就是只要发现员工接外单，马上开除！哲仕从不主动开除任何一名员工，曾经唯一直接开除的一名员工就是因为接私单。所以我也在哲仕不主动开除员工的原则里面留下了这一条额外的特例。哲仕12年来，这是唯一一次主动开除员工。

事情是这样的，当时，那名员工还是一名哲仕的资深设计师，具体名字我就不说了，他的工作都没什么问题。但有一天我和一位很久没见的客户公司的员工聊天，对方和我说："你们最新给我们公司出的设计方案好像和以前有一点差距了哦。"

我一听，很奇怪，最近我们和他们公司没有合作呀，而且半年前这个客户就结束了我们之间的合作，当时也不知道具体原因是什么。于是我说我们大半年没为你们公司服务了，怎么有最近新设计的东西呢？

对方说："那就奇怪了，我是看到我们公司的设计还是你们那边之前的设计师在对接呀。"这下我才明白，原来是设计师接私单！之前客户结束合作的原因也清楚了。

后来我回到公司，直接开除了那位设计师。同时我定下了"只要发现员工接私单，马上开除"的规矩，不管对方是新同事，还是资深老同事，这就是一条底线，只要触碰，就只有开除一个选择！对此不需要说太多的理由，因为员工接私单，不仅对公司不利，更是对客户不利，也是对员工自己不利！这也是底线。

11　不要为了换而换，要保留前任优质遗产！

很多企业找到哲仕，上来就和我说："这次找你们哲仕，就是希望你们帮我们换掉之前的所有品牌形象，我们之前的东西都不行了，包括企业之前的一切创意。"其中有的甚至是已经在行业经营了十多年的企业，也这样说。

通常这种情况，我都会告诉他们："先不要急着一定换，必须要换的部分，咱们才换，企业品牌做营销和创意，最忌讳的就是老想着换，我们应该要尽可能地去保留原有的资产，特别是有用的资产，不能纯粹为了换而换。"

为什么有的企业会想要急着换掉或者改掉之前的东西？也主要是出于两种情况。

一种是老想着要搞些新动作，自己创业时候的那套东西，让自己获得了一些小的成绩，但是后来慢慢发现一样的干法，没以前奏效了，甚至不灵了。就想着全部推翻，到处寻找新方法。

对于这种企业，我会建议他们，先不要急着全推翻自己之前的东西，既然在前面自己有过一段小成功，就一定说明里面有值得保留的部分。

还有一种，就是企业换了领导，新官上任三把火，这种情况通常在国企里面最常见，新的领导一上来就要搞自己的新东西，接下来搞成什么样不重要，重要的是要搞得和上一任不一样。

这类企业，很多情况下不过是为了清洗上一任的痕迹，开启自己的时代，这是非常不道德、不负责的，但在国企里面就非常普遍。

哲仕曾经也遇到过这类型的客户，我就特别不赞同，我说虽然我们是服务商，按照合作逻辑，客户找到我们，我们应该是要建议客户越多动作越好，因为客户要是经常变，我们才有干不完的活。

但是不好意思，在哲仕，我们就干不了这样的活，因为这和我们对工作的理解完全背道而驰。

品牌升级的是升，不是换！必须要换，也一定不能为了换而换，要谨慎保留上一任的优质遗产。哲仕在所有工作创意上都在强调，正确的答案往往只有一个，保留原有资产里面正确的部分和加入新的创意一样重要，甚至更加重要。

因为一个企业过去的东西，就是企业生存的原因。为了换而换，一刀切地将前面所有的东西全砍掉，有时候对企业的影响是致命的。

照样拿哲仕在帮安馨大厨品牌做创意过程作为例子来说：在整理原有产品资料时，发现品牌原有的牛肉酱产品的宣传里曾经有过一句自己的话语，叫"一斤牛肉炒一斤酱"。一看到这句话，我说这句话就是最正确的话，很有创意，只是之前安馨大厨自己虽然想到了，但没发现它的巨大价值。我强调让服务组千万不能动，一定要保留！不仅要保留，新的方案里还要在牛肉酱这个产品上放大这句话。

因此后来，"一斤牛肉炒一斤酱"就在安馨大厨的牛肉酱产品上保留了下来，同时设计组还在包装上放大了这个创意的表现，设计了"1：1"的大符号，强化了"一斤牛肉炒一酱"的创意。

　　我为什么要强调？因为创意公司和企业一样，也容易有自己的创意欲。这又是个什么心理呢？就是很多创意公司和创意人员在做创意的时候，也容易想着全部推翻，想着要做点自己新的创意，这种现象在大部分创意人身上其实都存在。

　　所以我也在哲仕的团队里面将这一点隔三岔五地强调。做创意，要始终让自己保持目的清晰，我们做创意的目的不是为了得到一个新创意，而是为了解决问题。

　　守住企业原有的正确动作，优化它，强化它，和为企业增加新的正确动作一样关键。企业在发展过程中，有时候出现了问题，它不一定是因为你做出了错误的动作，也有可能是你丢掉了原有的正确动作。你丢掉它，是因为你没清晰它的真正价值。

　　因此我说，一家优秀的创意公司的专业价值，不单单是为客户提供创意的价值，还有他能够在自己的领域范围内辅助匡正客户，让客户永远在正确的主路上跑，不能让客户跑歪了，这才是真正的专业价值。

12 减少加班，避免空转，清除废动作！

　　企业的运转就像一台机器的运转一样，要做到效益最大化，就必须避免机器空转。机器如果空转，还不如不转，因为空转的机器不仅一样耗着油，而且对各种部件损耗非常大。

　　很多企业，看上去一天24小时有16小时都在上班，而且是天天加班，所有员工都好像开足了马力的机器一样在运转。大家觉得他们忙，干的活很多，实际上我们如果稍微留意一下就会发现，这样的企业他们干的活并没有比那些员工按时上下班的企业干得多，也没有干得更好！

　　为什么呢，原因就在于他们的工作中有一大半的时间都处于空转状态，属于工作配合不合理造成的。而剩余的一半时间，大家忙的又有一半是乱动作、废动作，做的都是一些无用功。

　　要避免这种现象，首先要先从清除工作中的废动作开始，我们每个人每天的工作中有很多废动作，这些动作本来可以不存在，却常年重复着，占用我们的时间和资源，我们却不知道。

　　废动作的产生，有的是因为对工作的理解不到位，有的是因为工作方法和顺序不合理。

　　关于清除废动作，实际是一种做事思维，甚至是一种生活方式，我举一个小例子：大家小学时就学过煮饭和洗碗的顺序，应该先煮上饭，再用煮饭的时间洗碗，最节省时间。

　　我早上到办公室，走进公司，会先经过茶水室，再经过一片公共办公区，最后是到我办公室的位置。所以我每天走进公司，会先进茶水室将烧水开关打开，然后再走到我自己的办公室将自己的电脑启动，再拿起自己办公桌上的茶杯回到茶水室取茶叶，这时刚好差不多水烧开了，可以直接冲泡好茶，端回自己办公室，电脑也刚好开机完成了，我可以直接开始早上的工作。

　　这个过程中没有一步是多余的，也没有重复一步弯路让我在某个环节中专门停下来等待。

　　如果一件事一件事地正常做，我先直接到自己办公室打开电脑，先等它开机完成，然后拿茶杯去茶水室取茶叶，再等烧水冲茶……中间就会多出至少两段停下来专门等待的时间。

　　减少废动作是企业经营管理中至关重要的一招，只要你注意一下，几乎所有工作中都有大量的废动作存在，它们占用了企业巨大的成本。清除这些废动作，我们完成大部分工作至少可以减掉一半以上时间。

清除废动作之后，还要避免企业空转。

前面已经提到过，企业空转主要是由于工作中的各环节或者各部门之间的配合不到位导致的。

比如，一个工作会经过五个工序，每一个工序之间如果配合不好，就会导致有空转时间存在。如果在第二道工序的时候，完成他的人员拖延了30分钟，那就等于后面所有工序上的人员都陪着一起空转了30分钟。这个浪费的成本看上去好像只是工序二上的一个人浪费了30分钟，实际是整个公司后面所有工序上的人员全部一起浪费了30分钟。

为了解决这个问题，我在哲仕的团队和作业模式上都做了设计，做成了"全能创意生产工人"的团队模式。

是什么样的呢？基本理念就是所有人一起做所有事，别的公司是把策略、创意、设计分成了无数个部门，一个工作下来，一个个部门往下走，中间要一个一个地等，最后完成。

前面说了，其中一个卡一下，"没灵感"，后面的人就全跟着等。而我们是工作一下来，所有人参与，确保在最快的时间找出正确的答案，然后到下一个环节，中间不会有任何配合上的问题，并且工作从头到尾，每个人都非常清晰和了解完整的思路，目标清晰，不容易出现错动作和绕弯路。

这样就在很大程度上避免了企业空转的情况，让每一分钟都是处于产出效益的状态。

企业能做好清除废动作和避免空转这两点后，加班就自然会减少！同样的工作，员工更轻松了，出品做得更好，更准时，客户满意度也高了，相对同行的竞争优势很快就体现出来了。

关于清除废动作和避免空转，就讲这么多。在这一节的后面，我附上一份自己平时在哲仕内部与同事们分享的时间管理原则。

我一直把自己的一生看成一段时间，甚至我假设好了自己就是活到75岁，在这75年的时间段里面，从出生到死亡，分成几个主要的年龄阶段，每个阶段的时间怎么分配，每个阶段的重心主题是什么我都规划好了。这是站在整个一生的高度去管理和分配时间，会很清晰地知道什么阶段做什么事情才是最有价值的。

然后细化到每一周、每一天，同样应该给自己一个清晰的时间管理标准，原则只有一个：让时间价值最大化。

下面就是我个人的一些基本原则。

▶ **时间管理四原则：**

原则一：用大块时间做需要长时间完成的工作，用零碎时间处理零碎事情；大块的时间，永远坚持投入在自己的战略性动作上面，这个一定是要形成你比其他人都具备的足够优势，因为你在这个上面规划了比其他人都多的时间投入。比如某些领域的钻研和某些技能的练习。

原则二：一天的时间必须格子化，对应的时间格子做对应的事情，时间一到，必须切换到下一个时间格子的工作，不让上一个格子的工作影响下一个格子的工作。

我经常在哲仕和同事们讲，假如你一天计划了5件事情，其中两件是需要时间比较长的，3件是可以很快处理的，那么上午和下午各安排完成一件长时间的工作，3件可以快速处理的工作可以在中午或者下午安排出1个小时集中处理，这是上一条的原则的应用。

同时，上午的工作必须上午完成，绝不占用下午工作的时间，不能认为反正工作都是今天之内可以完成就行了，下午一起完成也一样。你如果这样想，下午的时间一定会出问题，因为本来正常分配的一个时间格子一件事情，你把上个格子的剩余工作放到下一个格子，那下一个格子的工作肯定跟着出问题，最终所有工作都积压下来没有完成。

原则三：规划纵向时间大格子！就是每天固定一个时间格子干同样的事情，形成纵向大格子，比如每天晚上两小时固定用来看书，纵向成一个一年730个小时看书的大格子，这样形成时间积累的最大力量——滴水穿石。

原则四：自己的时间永远不给别人！这一条是结合我们站在大阶段的主题基础上去判断的，就是根据自己的价值主题，判断哪些事情是符合自己价值主题，时间投入到这些事情才有价值。那些和自己价值主题没有关系的事情，比如一些无效的社交、无意义的邀请，都是等于把自己的时间给别人，绝不参加。

以上，分享给大家。

13　心中有地图！

每一个企业的经营都必须有一张自己的地图，我们最终要去哪里，要经过哪些地方，要什么时候到达什么地点，要在什么地点做出怎样的关键动作，要从哪里开始；线路、顺序、时间节点、关键动作等都已经在地图上面有标注。

这就是企业的经营战略地图，这份地图的时间跨度最少要做十年，最好就做30年。

有战略地图的企业，每个阶段的经营与发展决策都有地图作为依据，什么时候在什么位置做出什么动作，是既定出招，就像一艘一开始就设定了导航线路定速巡航的轮船一样。不仅不会走弯路，就连什么时候到达目的地心里都清楚。

企业的战略就像人的志向，志向清晰的人，每时每刻都能清晰自己当下应该做好的事情是什么，不犹豫，不迷茫，不焦虑。剩下的就是静心耕耘，每走一步，都功不唐捐，都是累积，不浪费一步，都是在向前。

地图思维，也是哲仕的基础思维，我们做任何工作计划，都是做系统计划，将大目标在地图上标注后，再标注出明确的路径，关键的动作，而具体的方法则可以随机应变。

比如北京同仁堂儿童药的最终战略目标，是成为中国妈妈更放心的儿药品牌。然后围绕这一目标，我们在第一年给同仁堂儿药做出的第一步动作，就是提出"宝宝小药箱"，先亮明身份，之前大家不知道同仁堂做儿药，不知道儿药市场的擂台上还有同仁堂这个选手，在儿药选择时根本没有这个选项，如果我们第一步就喊自己更放心的最终目标，那就会对牛弹琴，莫名其妙。

第一步要达到的目的地就是亮明身份，关键动作包含了提出"宝宝小药箱"之外，重点产品的推出也选了最具儿药代表性的"儿童咳液"，儿童咳嗽是儿童用药绕不过的产品，我们需要选择这样一个最具有代表性的产品来将同仁堂儿药推上儿药市场的擂台，和大家见面。

这就是战略计划里的节点性关键动作，每一个阶段需要完成什么样的任务，需要解决什么样的目标，每一个目标又都是为下一个目标在做铺垫，也是作为解决下一个目标的基础。

最终一系列的小目标和关键动作形成一个系统的路径，完成最终的大目标。

企业在这个过程中，大目标和小目标都是不变的，但关键动作会因时因势而变，所以企业要不断地学习，关键就在于学习和掌握时势的部分，然后根据当时市场局势来调整自己的关键动作。

比如，某企业设定在2020年的关键动作是全国巡讲，但现在遇上疫情，再加上直播方式的快速崛起，他就将线下巡讲的关键动作调整成了线上直播的关键动作。这就是一种关键动作的随机应变，计划目标和时间节点不变，但关键动作变了。

心中有地图的企业，每一步都有数，不慌不乱，这就是有战略的企业。有战略的企业不管天怎么变，他都不会迷路，因为他的前进一开始就是自动巡航模式。

后记

第五部分

01　哲仕的6个故事

1.2009年哲仕成立

2009年，是哲仕成立的第一年。当时我们服务的企业里面有一个叫保为康的客户，做口罩产品。

我记得比较清楚，那是保为康公司杨总让我们做的第二次工作，是一个新产品的策划设计工作，在合同签约后，杨总和我说："李辉你放心，你们现在先做，费用完成后我一次性安排给你。"（正常是费用分为两次支付，需要先支付预付款）因为有过前面一次合作的基础，我当时就同意了。

后面过了一个多月，我们的工作快完成了，我们约杨总看方案，没想到他和我说："李辉，真是不好意思，这段时间根据市场部的反馈，公司对产品线做了比较大的调整，决定要把那个系列的产品计划全部取消了，所以这个工作暂时用不上了，我正要准备和你讲。"

我听到消息后心里第一个反应就是，糟糕了，这个计划现在取消不用了，我们的服务费用怎么办？毕竟那时候哲仕刚成立，一共加上我，就几个同事，大家一起忙了一个多月的工作。

　　但是还没等我开口，杨总又和我说："李辉你别担心，我知道你们工作做了这么久，虽然成果现在我们用不上了，所以工作方案我们也不用看了，但我愿意付50%的费用来承担因为这次合作你们的损失。"

　　我听到这句话后，刚还在考虑费用怎么办，又马上觉得现在工作没用了，如果我们向对方收取这50%的费用的话，这对对方来说也是等于什么都没得到，但要白白支付这笔费用给我们。

　　最后我和杨总说，我说工作现在也取消了，这费用我们收了对你们也是一样的有点不合理，就算了吧！

　　现在想起来，为当初做的决定庆幸。因为到现在为止，我们持续为保为康公司服务了11年，保为康从最初的工厂到现在的集团企业，一直是哲仕的客户，而且杨总后来还给哲仕介绍了好几个客户。但是这么多年来，每次签完合同，杨总付款都安排得非常及时。

　　很多次我就在想，自己在最开始最艰难的时候做出的一些小决定，其实已经决定了我们十年后的故事。

2016年年底，我当时看大家都在给自己的公司定新年目标，那时我在公司年会上也给哲仕定了一个新年目标：2019年，哲仕成立十周年的时候，要做到哲仕所有服务的总客户数量里，70%以上要持续服务3年以上！

当时有同事就问，为什么定这样的目标，这样定明年我们到底做多少客户是不是也不清晰？

我说你搞错了，我们定的不是明年要做多少新客户，明年做多少新客户我们定不了，就算我们定了也不算。我们能决定的是我们已经在服务的客户，他们是否能持续让我们服务，这在很大程度上是由我们决定的！

到2019年，我要70%的客户是持续服务了3年以上的。后来这个目标是我们在今年才完成的，2020年，在大部分企业都比较艰难的时候，哲仕却仍然保持着业绩的增长，这主要得益于老客户们的支持。虽然这个目标比之前计划的晚了几个月实现，但我还是很自豪。

我和同事们说："老客户只有持续选择哲仕，我们成本才最低，公司发展才最稳！"更重要的是，营销公司服务多少客户数量都不能向新客户证明我们是有价值的；唯有老客户能证明我们的价值，一个企业选择我们一年不算我们有价值，但他持续选择我们3年以上，那就没有别的答案，一定是我们对他有价值。

2.哲仕是一个客户送给我的

我在2008年的时候是处于无业状态的，那时候刚离开学校，对自己还没有什么职业发展方向的规划，于是平时就自己在网络上帮一些企业做些外包的创意活。

2008年年底，QQ上有一个人联系让我帮他做一套方案，工作的内容和费用沟通非常顺利，完了对方说你明天过来我办公室当面沟通一下，顺便签一个工作协议吧。

我一听要过去见面谈，心里就开始纠结，那时我22岁，性格也比较青涩内向，胆怯自己当面和客户洽谈没有商务经验会把原本沟通好的合作弄没。这事情后来我和朋友说起，被朋友笑过不少次。

怎么办？我当时就想到我的一个朋友，他比我大6岁，在我心目中他比我老成很多，于是我马上给他打了一个电话。问他有没有时间帮我去见一个客户，他说不确定有没有时间，我又说工作都与对方沟通好了，过去只用帮我签一下协议，这个工作费用每人一半，工作全部我做（当时我希望的是争取到这次合作的机会）。对方没等我说完，就问我明天需要几点钟到。

非常顺利，朋友帮我去见了客户并把工作确认了下来，这个客户名字叫刘伟彬，公司名称是刘士安。这就是一个开始。

后来这个工作我认真做了两个月，这两个月期间因为工作沟通，我和刘总也保持着比较密切的联系，也偶尔有一些工作之外的交流，最后提交工作方案的时候，刘总非常满意。他说："李辉你这次工作做得非常用心，非常好，为什么没有考虑成立一家公司？"

我笑着说我没有钱，他说他可以帮我成立一家公司，如果我有这个想法的话，可以帮我注册一家公司，不用我出钱。

这就是后来的哲仕，所以我说哲仕是刘伟彬先生送给我的，刘士安也就是哲仕的第一个客户，后来刘士安公司也与哲仕保持了多年的战略合作关系。

我好几次和好朋友说起这个故事时，都会说刘伟彬先生是我的贵人，但在刘总面前我从来没有说过，现在哲仕十年了，我也一直想和刘总当面表白这句话，但直到现在，每次见刘总，我始终也没好意思张开嘴，脸皮太薄……但是我非常肯定，如果没有刘伟彬先生，哲仕就不存在，就算存在也可能会晚两三年。

3.这活我能干！

2011年前，哲仕还是一个服务比较单一的设计公司，我给哲仕想了一句话叫"以简约设计风格而闻名的设计公司"，那时最主要的工作就是帮企业画LOGO和VI设计。

2011年，我们画LOGO的数量可以说画出了行业里的最高纪录，最高峰时期，哲仕有持续大半年时间平均每个月接到30多份LOGO设计合约。那一年时间，我在广州买了房子和车子，基本上也不怎么缺钱了。但就在2009年之前，我是连生活费都需要担心的状态。

但那一年我还是有点迷茫的，因为当时干的活虽然能让公司有还算不错的收益，但我注意到单纯地做设计这个服务，对我们的客户企业来说，能帮助他们改变市场表现的作用还是非常有限，但当时我自己并没有找到改变的方法。

直到2012年初的一天，我的一个朋友跑到我办公室，他拿给我一本书推荐让我看，还特别叮嘱："这书和写这书的两个人都很厉害，你一定要抽空看看！"

我说有什么厉害的？他说："他们一个被美国《广告时代》杂志评为'全球十大顶尖商业大师'；一个被摩根士丹利推崇为高于迈克尔·波特的营销战略家！他们俩用这套方法服务了宝洁、雀巢、王老吉……"叽里呱啦说了一大堆，我也没记清楚，只看了下书的名字：《定位》。

后来我看这本书的时候，看到里面讲的品牌战略营销工作和方法，我一看就特别兴奋，而且马上到网上翻到了定位系列的全套书籍，包括《显而易见》《与众不同》《品牌的起源》……那时候我一边看一边想：这才是我应该干的活呀！而且这活适合我干！我能干得跟他不一样！

这也就是哲仕在2012年开始转型成为一家"战略营销+品牌设计+包装创意+传播创意模式"公司的最初构想。包括再后来我诞生出版哲仕方法理论的第一本书：《超级购买理由》。它里面的想法，一定程度上也是受此启发。

4.霸王条款

2012年秋天，同事告诉我收到贵州电信的第一份季度广告创意服务意向邀请。我一想，国企呀，麻烦！但又一想，电信可算是名企呀！于是很快按照对方的要求把资料做了送了过去。

过了一个多月后，我们再次收到信息，电信告诉我们说他们在6家服务商评估中选中了我们，并发来合作协议，我当时印象特别深，因为看了协议后，我觉得那几乎就是霸王条款。

什么样呢？我举一个合同里服务验收条款的例子：每一个季度，对方会出一份针对我们在当季度里的工作服务质量评分表，分别从方案质量、服务小组人员态度、响应时间、执行访问跟进等几个方面给我们的服务打出分数。最终的分数直接和哲仕的服务费用捆绑。

具体规则是：满分100分，如果当季度对方给的服务评分在

98分以上，我们就可以拿全部费用；如果评分在90~98分，我们的服务费就要被按9折支付；评分在80~90分按7折支付；如果对方给80分以下，按照服务不达标执行，扣除当季我们所有服务费用。

你没有看错，就是只要对方最后给哲仕的工作服务质量打分低于80分，哲仕当季的服务费用会被完全扣除。关键这个分数完全是由对方说了算。

我当时就有点生气。但后来又一想，中国电信这样规范的企业，只要我们都做到位了，对方也不至于乱打分，所以也没什么好怕的，于是决定干了。

结果后来大家知道的，哲仕持续服务贵州电信16个季度，整整4年！对方没有少支付过我们一分钱服务费，我们每个季度的服务分数对方都给了98分以上。后来我也拿这事和朋友炫耀，朋友说我："这样的霸王条款都接受，你太没原则了……厉害厉害。"

5.第一级火箭

"一颗卫星要发射到太空，需要三级火箭助推才能送上去，第一级才最关键也最难，难在有引力没势力的状态下让火箭从地面飞起来。"

这是很多年前一个在澳门做人力资源行业的客户和我讲的一句话。

当时是在哲仕的会议室，我正认真向他介绍我们的客户案例，那时我先挑着其中几个知名企业客户案例向对方讲，想的是对方还不太了解我们，先讲知名客户证明我们的能力。

没想到对方直接把这句话说了出来，他说："不要介绍知名企业客户了，你们可以讲一讲服务过的像我们这样的成长型企业的创意案例。一颗卫星要发射到太空，需要三级火箭助推才能送上去，第一级才最关键，也最难，难在有引力没势能的状态下让火箭从地面飞起来。"

我听了对方这话之后非常很高兴！我说你能明白这点那我们就肯定能合作了，因为哲仕主要干的活，就是第一级火箭的活。

也是从那时起，我给哲仕的定位更加坚定和清晰了：做成长型企业品牌营销的第一级火箭。

后来我又给哲仕明确了更清晰的客户范围：哲仕的市场定位就是"成长型企业营销的第一站"，产品营销的起点站，企业规模在2000万～5000万元之间，就应该马上启用哲仕。

再后来有人问：2000万元以下为什么不行？我说2000万元以下的企业不是不行，而是那类企业一般还没有营销工作的计划与预算。而2000万~5000万元的规模是最好的时间，规模往上也还可以，像我们服务的企业里面，3~5个亿元规模的公司也有，但那些客户也是在他们规模小的时候就与我们合作了。

规模再大就不是最适合的了，大企业做到一定规模后，我们的意义就会变小。第一级火箭的任务就是推动企业从地面起飞，完成这个任务后，企业会步入另外一个高速轨道，第一级火箭就应该自动脱落。

我在哲仕的内部经常和大家讲，我说"超级购买理由"就是我们的产品，这个产品就是帮创业和成长型企业找到产品的战略与营销创意，设计品牌与产品的顶层话语就是产品营销必备的第一级推动火箭！

哲仕的目标是要做中国成长型企业营销的起点站，这是我对哲仕30年后的规模目标，所以我们的服务价格不能太高，不能像市面上那些动不动就收几百上千万元咨询费的咨询公司，费用高了这个阶段的企业也支付不起，我们最后也形成不了规模。

6.三十计划

"三十计划"是哲仕成立的第二年我给哲仕做的一个"十年沉淀，十年发展，十年成型"的规划，我们把它叫作"三十计划"。简单理解，就是我们将哲仕的发展分成了三个十年计划。

这个计划在2019年4月份左右吧，我在广东电视台南方卫视的专访时也讲到过。

2009年到2019年刚好是哲仕的第一个十年，在我们的规划里这是沉淀的十年，我们用这个十年沉淀来达到哲仕成为中国顶尖品牌战略营销创意公司的专业能力、服务能力，保证哲仕独有方法理论系统、客户管理能力等基础条件的目标。

到今天为止，第一个十年计划里面的任务，基本全部实现，包括在2018年3月开始整理，2019年1月份出版的哲仕自己的方法理论书籍《超级购买理由》，这也是我们第一个十年计划的一部分。而且我们还在第一个十年里累计服务超过630家企业客户，这个成绩在行业里面来说，已经算很不错了。

第二个十年，也就是接下来从2019开始到2029年的这十年，在我们的规划里是哲仕发展的十年，哲仕的增长速度会加快，客户数量也会开始高速增长。但是这个增长不是我们刻意追求的，而是来自我们刚刚过去的第一个十年沉淀的结果，我们现在有了一个很有优势的基础，这就像前面的十年我们种下了一批种子，这些种子会在接下来的第二个十年结出果实。

而且我预计在接下来的两三年，我们的客户数量会出现一轮爆发式增长，其实在2018—2019年期间就已经有这个苗头了，2018年大家都喊着是不好的一年，我们一年收到700余家企业客户的咨询信息，而且这是在我们没有做什么广告的情况下收到咨询数量，这是一个很大的数字了。

接下来哲仕的增长加速，除了客户数量和业绩外，还有团队的建设、代表案例的累积，都会自然地增长，我们在这个十年的主要任务就是累积案例、强化团队的培训、建立更优的人才机制系统，哲仕最终的团队模式必须是要建立在合伙人制的基础上，而且这也是这个十年里的主要任务之一，这期间哲仕还有个任务是至少要培养8~10个合伙人。这是我们第二个十年在享受第一个十年果实的同时，为第三个十年做的准备工作。

第三个十年，在我们的规划里面，是哲仕成型的十年，也就是到2029—2039年，哲仕经过前面20年的累积和发展，已经具备了自己成型的理论体系，拥有了自己的营销方法论和属于自己的成型、稳定的人才矩阵，还拥有压倒性优势的客户群和案例库！要正式成为中国乃至全球一流的合伙制创意集团企业。

02 专业司机与老司机

这是我自己经历的一件轶事，我把它说成故事，是因为当时它给了我一个工作上很大的启示。这个故事我在《超级购买理由》一书的后记里给大家分享过。这次我依然决定将它作为这本

《第一级火箭》的后记，分享给大家。

我本人有一项武道爱好，叫合气道，每周都有2~3天会去道场上合气道练习课，有时是从办公室过去，有时是从家里过去。特别是每周日早上的练习课，我都是从广州番禺的家里自己开车去天河北路的合气道道场，每周都是走同一条路线，在我看来那是轻车熟路。

其间有一次，因为车子送去4S店，我第一次从家里打出租车去道场，发现出租车司机载我走的路和我一直走的那条路完全不同。我就和司机闲聊说自己平时的路线是怎么走的，司机回答我说按我那样走至少多绕了5公里！我当时有点不相信，自己轻车熟路的路线，居然一直是在绕路？而且每次多绕5公里，还持续了这么久，这怎么可能？

因为我有点接受不了自己这个常年绕弯路的事实，所以在车上我马上就打开手机导航地图进行了查询，在手机导航地图上对比了两条路线后，证实了自己真的在绕路，而且对比显示每次多绕5.7公里。我只能一边感叹自己作为一个老司机常年在绕路居然毫无察觉，不可思议；一边赞叹司机连两条线路相差多少公里都说得那么精准。

事后我一想，马上又发现其实这种在一件事情上自认为轻车熟路、老司机，而不知道自己是在常年绕弯路的情况在咱们大多数人的工作上不也处处可见吗？

一个让大部分人都很难接受的事实是，我们很多人的工作方法都是在绕弯路，尽管有的人在自己工作上干了很多年，甚至累积了一套自己的经验和心得，但是他一直在用的那个方法那可能就是常年在绕着的大弯路。这听上去会让大部分人都难以接受，就像我走了数年的路线，滴滴司机却告诉我每次我都多绕了5公里，我刚开始因为不愿意相信自己绕弯路的事实，甚至怀疑出租司机为了证明自己没绕路故意骗我的。

绕路事件给我们的4个启示：

1.不管自己心里多么觉得自己在某件事情上是"老司机"，都一定要明白依然比不上一个专业"司机"。你自认为自己在某件事情上有经验，甚至觉得已经轻车熟路，但很多时候你熟悉的路不一定是最快的路。专业司机和老司机的区别，并不在于你某一条线路上比老司机开得好、开得快，而在于他知道的线路比你多，他能准确地知道哪一条线路最优最快。

老司机只是自己常走线路上的老司机，专业司机才是整个地图上的老司机。

2.老司机为什么常年一直绕弯路却不知道在绕？因为和很多大家正在做的工作一样，正在使用的工作方法有可能是在绕弯路的、错误的，但因为一直没有遇到一个专业的人来告诉你还有一个更优更快的方法，你就一直不知道自己在绕弯路。久而久之，弯路绕的时间长了，就成了弯路上的老司机，瞧不上别的方法了，因为你会觉得自己在这条路上跑得比谁都有经验。

3.老司机都很难接受自己绕路了这个事实！因为在自己的线路上走时间长了，容易觉得自己的经验和资格在自己领域最权威，最有话语权！在工作上，就像企业老板都很难接受一个职位比他低的人对他事业上的建议和见解，特别是那些自己摸着石头过河的企业老板，自己摸索了很多年，觉得自己不管是段位还是才智上都在他人之上，很难接受一些专业人员的说法。因此高职位的人要特别谨慎一种情况，就是专业的人专攻一术得了道，从而给你建议和方法，这些建议与方法可能与你之前的经验相悖，但你不要认为他的社会地位和整体资历不如你，就觉得他没有资格指导你。

4.专业司机为什么连每一条线路的差距是多少都知道得那么精准？因为他和老司机最大的不同就是他不是为一个人开车，他是为所有人开车。为所有人开车的最大优势就是他拥有掌握最佳线路的机会，他知道哪条线路最适合乘客，哪条路在哪个时间点、什么情况会堵车他都知道，他有能力带你避开拥堵或临时管制路线。这同样适用于企业。

以上与大家分享！